tredition®
www.tredition.de

AF397510

Kristina Sommer

Camping Tourismus 2020

Eine Sammlung von Blogartikeln zu ausgewählten Themen

Autor: Kristina Sommer

Umschlaggestaltung, Illustration: Kristina Sommer unter Verwendung eines Fotos von Christian Supik (Fotografie) + Manuela Pleier (Design) auf Pixabay.

Verlag & Druck: tredition GmbH, Halenreie 40-44, 22359 Hamburg

ISBN: 978-3-347-19999-6

Bibliografische Information der Deutschen Nationalbibliothek:

Die Deutsche Nationalbibliothek verzeichnet diese Publikation in der Deutschen Nationalbibliografie; detaillierte bibliografische Daten sind im Internet über http://dnb.d-nb.de abrufbar.

Vorwort

Diese Veröffentlichung gilt einer Fachrichtung, die sich erst langsam akademisiert und noch nicht häufig in Publikationen mit wissenschaftlichem Blickwinkel betrachtet wurde.

Camping Tourismus ist besonders während der Corona-Krise in den Fokus des öffentlichen Interesses gerückt. Aufgrund der Pandemie haben sich viele Touristen für einen Urlaub im Inland entschieden. Gerade Camping, bei dem die eigene Unterkunft — und damit meist auch die eigenen Sanitäranlagen — mitgebracht wird, bietet die Möglichkeit eines autarken Urlaubs auch während der Krise. So verlief die Sommersaison 2020 für die Campingplätze in Deutschland im Gegensatz zu anderen Tourismuszweigen relativ positiv, obwohl auch hier Rückgänge zu verzeichnen waren. Die Effekte waren regional stark unterschiedlich.

Diese Publikation beinhaltet Artikel zu aktuellen Themen des Camping Tourismus aus dem Jahr 2020. Die Artikel sind vorab auf der Internetseite „Camping Tourismus Blog" veröffentlicht worden. Sie zeigen einen thematischen Querschnitt von zum Beispiel Unterkunftsarten im Camping Tourismus bis hin zur Diskussion aktueller Wirtschaftszahlen der Campingindustrie.

Sowohl der „Camping Tourismus Blog" als auch diese Publikation haben sich zum Ziel gesetzt, das Thema Camping Tourismus in der Wissenschaft mehr in den Fokus zu rücken.

Ich wünsche allen interessierten Leserinnen und Lesern viel Spaß mit dieser Publikation. Der Blog ist unter folgendem Link einsehbar: https://camping-tourismus.com/

Ich freue mich immer über Anregungen und Rückmeldungen.

Hamburg, 27. November 2020

K. Sommer

Inhaltsverzeichnis

Wintercamping immer beliebter?

18. November 2020

Camping findet auch im Winter immer mehr Anhänger. Die neueren Wohnwagen- und Wohnmobilmodelle sind meist winterfest. Dies bedeutet, dass die Wände und auch der Boden isoliert sein sollten. Doch warum liegt Wintercamping im Trend? Der Bundesverband der Campingwirtschaft in Deutschland e.V. hat dazu im Mai 2020 eine Umfrage durchgeführt.

Im Winter 2019/2020 wurden 1,5 Millionen Übernachtungen auf deutschen Campingplätzen registriert. Dies war ein neuer Rekord. 65,77 % aller für die Umfrage des Bundesverbands befragten Camper hatten bereits Erfahrung mit Wintercamping oder haben Interesse daran. Der Verband schätzt, dass die Hälfte der Wintercamper Dauercamper und die andere Hälfte Touristikcamper sind. 25 % der Campingplätze, die überhaupt im Winter geöffnet sind, beherbergen ausschließlich Dauercamper, da sie in dieser Zeit keine Touristikcamper zulassen. Hier kann nicht gesagt werden, wie viele Interessenten gegebenenfalls abgewiesen werden, weil sie Touristikcamper sind.

Wintercamping bei Älteren beliebt

Interessant ist die Altersstruktur der Wintercamper. Die meisten von Ihnen sind über 40 Jahre alt (70 %). Bei einer ganzjährigen Betrachtung der Altersstruktur nehmen die über 40jährigen nur 50 % ein. Es zeigt sich also, dass überproportional viele Ältere im Winter campen. Allerdings kann das Ergebnis der Umfrage auch durch die Alterszusammensetzung der Befragten beeinflusst worden sein, das kann an dieser Stelle nicht ausgeschlossen werden.

Nähe zur Natur ist Hauptgrund

Die meisten Befragten geben als Grund für Wintercamping die Nähe zur Natur im Winter an. Danach folgen die Motive Ruhe, Nutzung von Wellnessanlagen und Winteraktivitäten in der Umgebung.

Jeder fünfte Befragte campt nicht im Winter, weil er nicht über die passende Ausstattung verfügt. 23 % campen nicht im Winter, weil die Familie bzw. der Partner kein Interesse am Wintercamping hat. Einige bevorzugen den Sommerurlaub und haben keine Zeit (13 %) oder keine finanziellen Mittel (11 %) für einen weiteren Urlaub. Rund 50 % der Befragten campt mit dem Partner, 25 % verbringen den Wintercampingurlaub mit der Familie und Kindern.

Weitere Informationen zu dieser Studie gibt es beim Bundesverband der Campingwirtschaft in Deutschland e.V.

Quellen:

Bundesverband der Campingwirtschaft in Deutschland e.V. (2020): BVCD-Umfrage zum Wintercamping. URL: https://www.bvcd.de/aktuelles/bvcd-umfragen.html (abgerufen am 18.11.2020).

Lockdown-Light – Was bedeutet das für Camper?

2. November 2020

Welche Bedeutung haben die Vorgaben des letzte Woche von Bund und Ländern beschlossenen Lockdown-Light für Camper und Dauercamper? Wie beim gesamten Beherbergungsgewerbe gibt es weitreichende Einschnitte.

Der Lockdown-Light, der seit dem 02. November 2020 in Kraft getreten ist, beinhaltet das Verbot von touristischen Übernachtungen in Deutschland. Dies schließt auch Übernachtungen auf Campingplätzen ein. Die genauen Regelungen können aber je nach Bundesland variieren. Die Umsetzung der Lockdown-Light-Vorgaben dauert zudem noch an.

Bestimmungen des Lockdown-Light

Die konkreten Bestimmungen des Lockdown-Light lassen sich zum Beispiel dem Tourismus-Wegweiser des Kompetenzzentrum Tourismus des Bundes entnehmen: https://tourismus-wegweiser.de/ In Bezug auf Campingplätze und Wohnmobilstellplätze steht hier z. B. für Schleswig-Holstein folgende Information: Eine Beherbergung kann nur erfolgen, wenn der Gast schriftlich darlegt, dass die Übernachtung aus beruflichen, medizinischen oder zwingenden sozial-ethischen Zwecken notwendig ist.

Was ist mit Dauercampern?

Der Bundesverband der Campingwirtschaft in Deutschland e.V. meldet auf seiner Homepage, dass der Aufenthalt von Dauercampern auf Campingplätzen länderabhängig geregelt ist und der jeweiligen Länderverordnung zu entnehmen ist. Der Verband weist aber darauf hin, dass es teilweise nicht ganz klar geregelt ist. Baden-Württemberg, Mecklenburg-Vorpommern, Schleswig-Holstein, Brandenburg, Niedersachsen und Nordrhein-Westfalen treffen allerdings laut Verband Aussagen zum Dauercamping. In diesen Bundesländern ist es unter konkreten Voraussetzungen auch während des Lockdown-Light möglich. Nähere Informationen gibt es beim Verband (https://www.bvcd.de/corona/laenderregelungen.html).

Grundsätzlich ist festzuhalten, dass die jeweiligen Verordnungen der Länder zum Thema Beherbergung bzw. Camping genau durchgelesen werden sollten bevor Dauercamper zu ihrem Campingplatz fahren. Ein weiterer Faktor, der dabei eine Rolle spielen kann, ist die Anmeldung des Dauercampingplatzes als Erst- oder Zweitwohnsitz.

Quellen:

Bundesverband der Campingwirtschaft in Deutschland e.V. (2020): Camping in den Bundesländern. URL: https://www.bvcd.de/corona/laender-regelungen.html (abgerufen am 02.11.2020).

Kompetenzzentrum Tourismus des Bundes (2020): Corona-Navigator. URL: https://corona-navigator.de/ (abgerufen am 02.11.2020).

Wie alt sind Camping-Urlauber?

Wie alt ist der typische deutsche Camping-Urlauber? Bei dieser Frage stellt sich vielleicht der ein oder andere eher Senioren vor. Doch stimmt dies wirklich?

Für die Betreiber von Campingplätzen oder die Anbieter von Camping-Fahrzeugen ist die Auseinandersetzung mit ihrer Zielgruppe essenziell. Dazu gehören auch die demografischen Daten der Zielgruppe wie Alter oder Familienstand. Solche Informationen sind wichtig, um z. B. den Campingplatz entsprechend zu gestalten.

Die Plattform Statista veröffentlichte Daten aus der Allensbacher Markt- und Werbeträgeranalyse (AWA). In dieser Analyse wurden für das Jahr 2020 die Einstellungen, Konsumgewohnheiten und Mediennutzung der Bevölkerung in Deutschland näher betrachtet. Hierfür wurden rund 23.400 Personen befragt. 3.810 Befragte gaben an, dass ihre bevorzugte Urlaubsreise die Campingreise ist.

Größte Gruppe ist zwischen 30 und 39 Jahren

Laut dieser Analyse sind die meisten Personen, die Campingreisen bevorzugen zwischen 30 und 39 Jahre alt (19,2 %). Ihr Anteil an der Bevölkerung in Deutschland liegt bei 14,7 %. Sie sind somit etwas überproportional in der Gruppe der Camping-Urlauber vertreten. Das gleiche gilt für die Gruppe der 20 bis 29 Jahre alten Camper, die die zweitgrößte Gruppe ausmachen (18 %).

Interessant ist die Gruppe der 14 bis 19 Jahre alten Camper, die mit 10,3 % zu 6,7 % (Anteil an Gesamtbevölkerung) im Vergleich ebenfalls überproportional vertreten ist. Die Gruppe der über 70 Jahre alten Camping-Urlauber ist mit 6,3 % am geringsten, obwohl sie einen Anteil von 17,3 % an der Gesamtbevölkerung ausmachen. Sie sind somit im Vergleich eher unterrepräsentiert. Die allgemeine demografische Entwicklung der deutschen Bevölkerung darf somit nicht als richtungsweisend für die Alterszusammenstellung der Camping-Urlauber gesehen werden.

Festhalten lässt sich, dass laut dieser Analyse die meisten Camping-Urlauber aus den Altersgruppen der 20 bis 39 Jahre alten Personen stammen. Interessant wäre in diesem Zusammenhang eine weitere

Aufsplittung der Nachfrager in z. B. die Art des Campingurlaubs (Wohnmobil, Zelt usw.).

Jüngere Camping-Urlauber bevorzugen das Zelt

Eine andere Studie von YouGov zeigt, dass der größte Anteil (27 %) der 25 bis 34 Jahre alten Befragten Urlaub im Zelt macht. Nur 10 % der Befragten ab 55 Jahren würden hingegen einen Zelt-Urlaub bevorzugen. Diese Gruppe möchte lieber mit dem Wohnmobil verreisen (49 %) (vgl. YouGov 2020).

Andere Angaben über das Alter von Camping-Urlaubern ist zum Beispiel dem Camping-Kompass von Pincamp zu entnehmen. Hier wurden im Zeitraum von April bis Mai 2019 knapp 1.000 Camper im deutschsprachigen Raum befragt. Die größte Gruppe bilden hier die 60 bis 69 Jahre alten Camper gefolgt von den 50 bis 59 Jahre alten Campern. Die kleinste Gruppe sind die 18 bis 29 Jahre alten Camping-Urlauber (vgl. Pincamp 2019, S. 3). Hier zeigen sich also andere Zahlen als in der Allensbacher Markt- und Werbeträgeranalyse.

Der Unterschied beider Studien liegt vor allem darin, dass sich die Pincamp-Umfrage direkt an Camper gerichtet hat und die Allensbacher Markt- und Werbeträgeranalyse allgemein Konsumenten befragt und den Fokus dabei nicht auf das Thema

Camping legt. Die Art der Stichprobe gestaltet sich somit unterschiedlich.

Quellen:

IfD Allensbach (2020): Allensbacher Markt- und Werbeträger-Analyse – AWA 2020 (abgerufen über Statista am 16.10.2020).

Pincamp (2019): Der pincamp-Camping-Kompass 2019. URL: https://www.pincamp.de/camping-produkte/files/20190704_PiN-CAMP-Camping-Kompass-2019.pdf (abgerufen am 16.10.2020).

YouGov (2020): Für nur knapp ein Fünftel ist Camping im Corona-Sommer wahrscheinlich. URL: https://yougov.de/news/2020/07/20/fur-nur-knapp-ein-funftel-ist-camping-im-corona-so/ (abgerufen am 16.10.2020).

Es geht bergauf – erfreuliche Zahlen im Juli

9. Oktober 2020

Die Campingwirtschaft hat im Juli erfreuliche Übernachtungszahlen zu verzeichnen. Doch geht es wirklich für alle bergauf?

Der Bundesverband der Deutschen Campingwirtschaft e.V. (BVCD) vermeldete in einer Pressemitteilung einen neuen Rekord in der Campingwirtschaft. Im Juli wurden 8,57 Mio. Übernachtungen auf deutschen Camping- und Wohnmobilstellplätzen gezählt. Im Gegensatz zum Vormonat gab es einen Anstieg von 0,5 %. Vor dem Hintergrund der Corona-Pandemie ist dies eine erfreuliche Entwicklung.

Geht es wirklich weiter bergauf?

Ob allerdings die Verluste aus dem Frühjahr noch eingeholt werden können ist aktuell nicht feststellbar. Negativ wirken sich vor allem die fehlenden Übernachtungen ausländischer Gäste aus. Allerdings gibt es gute Buchungszahlen aus dem Inland für August und September. Hier liegen noch keine konkreten Auswertungen vor.

Nicht in allen Bundesländern Zuwächse

Doch nicht alle Campingplatzbetreiber können sich freuen, denn einige Bundesländer verzeichnen aufgrund der Auswirkungen der Corona-Pandemie Rückgänge. Hierzu zählen Niedersachsen oder Thüringen. Große Zuwächse gab es hingegen in Sachsen-Anhalt, Sachsen und Rheinland-Pfalz. Gute Ergebnisse gab es in Nordrhein-Westfalen, Brandenburg und Bayern.

Eine endgültige Prognose über die Entwicklung in der Saison will der Verband nach Vorliegen der Zahlen aus dem Monat August abgeben. Es bleibt also spannend.

Quelle:

Bundesverband der Deutschen Campingwirtschaft e.V. (2020): Juli 2020 bringt Campingrekord trotz Corona. URL: https://www.bvcd.de/presse/ detail/juli-2020-bringt-campingrekord-trotz-corona.html (abgerufen am 09.10.2020).

Campingplätze boomen – oder doch nicht?

21. August 2020

In den letzten Tagen und Wochen gibt es in den Medien vermehrt Berichte über die hohe Nachfrage nach Campingaktivitäten in diesem Jahr. Camping als Variante des Binnentourismus gilt als Alternative zu Auslandsreisen in diesem von Corona geprägten Jahr und die Campingplätze boomen in Deutschland. Mancherorts sollen die Campingplätze so überfüllt sein, dass kaum noch Kapazitäten vorhanden sind. Dies wäre eine gute Nachricht für die Campingplatzbetreiber, die auf einen schlechten Start in die Saison zurückblicken, aber wie sieht die Lage wirklich aus?

Boomen Campingplätze wirklich?

Der Bundesverband der Campingwirtschaft in Deutschland e.V. meldete Ende Juli in einer Pressemitteilung, dass nur jeder fünfte Campingbetrieb wirklich ausgebucht ist. Eine Mitgliederbefragung ergab, dass es auf den meisten Campingplätzen noch freie Kapazitäten gibt (vgl. BVCD 2020).

Wirtschaftliche Lage unterschiedlich

Etwa 40 % der Campingplatzbetreiber in Deutschland bewerten die Monate Juli und August durchaus positiv. Sie rechnen mit einem besseren Geschäft als im Vorjahr allerdings schätzen 20 % der Betreiber die Situation weniger gut ein. Sie rechnen mit einem Rückgang im Vergleich zum Vorjahr. Die wirtschaftliche Lage der Campingplätze scheint sich sehr unterschiedlich zu gestalten. (vgl. BVCD 2020)

Die Hoffnungen liegen nun auf einem erfolgreichen Herbstgeschäft. Dies hängt aber stark von der Entwicklung der Corona-Krise ab. Eine zweite Welle könnte die Hoffnungen zerplatzen lassen.

Quellen:

BVCD (2020): Corona-Achterbahnfahrt der Campingwirtschaft. URL: https://www.bvcd.de/presse/detail/corona-achterbahnfahrt-der-camping-wirtschaft-1.html (abgerufen am 21.08.2020).

Iglu-Camping

24. Juli 2020

Wenn man an Iglus denkt, dann tauchen Eis und Schnee vor dem geistigen Auge auf. Was hat es in diesem Zusammenhang mit Iglu-Camping auf sich? Steht dies für Camping im Winter?

Besondere Unterkünfte sind auf Campingplätzen nachgefragt. Ob Campingfass, Bubble-Tent oder Baumhaus, die Vielfalt der auf Campingplätzen angebotenen Mietunterkünfte ist sehr breit.

Eine Variante ist das Iglu-Camping. Hier übernachtet der Camping-Gast nicht in einer aus Eisblöcken gefertigten Unterkunft. Der Begriff steht vielmehr für die Form der Unterkunft. Es handelt sich um Holzhäuser sogenannte Iglu-Huts, die mit ihrem runden Dach, das mit Holzschindeln gedeckt ist, an ein Iglu erinnern. Die Bauart stammt aus Estland. Das Haus fällt unter die Kategorie der Tiny-Houses also der Kleinsthäuser. Iglu-Häuser werden auch im Bereich des Glamping (des luxuriösen Campings) als besondere Form der Unterkunft angeboten.

Die Qual der Wahl beim Campingplatz (Teil 3) – Campingplätze und Standort

17. Juli 2020

Es gibt viele Arten von Campingplätzen. Einige Campingplätze lassen sich nach der Art der zugelassenen Unterkunftsarten kategorisieren: Wohnmobilstellplatz, Zeltplatz. Andere lassen sich nach der Aufenthaltsdauer der Gäste einteilen: Dauercampingplatz oder Saisoncampingplatz. Dann gibt es standortorientierte Campingplätze wie der Wald-, See oder Strandcampingplatz.

Standortorientierte Campingplätze nutzen ihre Lage als Differenzierungsmerkmal gegenüber anderen Campingplätzen (Alleinstellungsmerkmal bzw. USP). Ihre Besonderheit ist ihr außergewöhnlicher Standort.

Grundsätzlich lassen sich folgende Varianten unterscheiden:

- Waldcampingplatz
- Seecampingplatz
- Strandcampingplatz
- Bergcampingplatz

Zudem kann der urbane Campingplatz (Campingplatz-Form, die sich häufig direkt in Stadtzentren befindet) ergänzt werden, wobei dieser nicht die Naturnähe im Fokus hat, sondern den urbanen Standort als Differenzierungsmerkmal nutzt.

Da ein Campingplatz zur Parahotellerie gehört, kann hier von betriebsunabhängigen Standortleistungen gesprochen werden, die eine Rolle für die Positionierung und Vermarktung der Campingplätze spielen. Unter betriebsunabhängigen Standortleistungen werden z. B. Klima oder die Landschaft verstanden. Sie können nicht vom Campingplatzbetreiber beeinflusst werden. Lediglich bei der Entscheidung für einen Campingplatz-Standort kann eine Wahl getroffen werden.

Campingplätze in der Natur

Wenn sich die Camper für einen Campingplatz entscheiden, spielen nicht nur Aspekte wie Ausstattung oder Freizeitangebot eine Rolle, sondern auch der Standort. Gerade die Campingplätze, die in der Natur liegen, zeigen dies meist deutlich im Rahmen der Webpräsenz. Sie werben mit dem Umfeld, das sich für Wanderungen, Wassersport usw. eignet. Es gibt auch Campingplätze, die ihre Naturverbundenheit durch Aktionen wie Bienenpatenschaft oder Brot aus eigener Herstellung betonen.

Naturverbundenheit ist ein wesentlicher Aspekt beim Camping. Die Camper mögen die Freiheit und Flexibilität des Campings, aber besonders die Nähe zur Natur. Dies zeigen die Ergebnisse einer Umfrage von YouGov im Jahr 2017.

Es gibt viele verschiedene Typen von Campingplätzen, die sich auf die Wünsche und Bedürfnisse ihrer Zielgruppen einstellen. Ob Abenteuer, Entschleunigung oder Nachhaltigkeit. Im Angebot an Campingplätzen ist für jeden Geschmack etwas dabei.

Quellen:

YouGov (2017): Deutsche Camper lockt die Nähe zur Natur. URL: https://de.statista.com/infografik/10227/was-deutsche-am-campingurlaub-besonders-schaetzen/ (abgerufen über Statista am 17.07.2020).

Die Qual der Wahl beim Campingplatz (Teil 2) – Der Dauercampingplatz

3. Juli 2020

Für einige ist es der Urlaubsort, aber andere Menschen haben dauerhaft ein Domizil auf dem Campingplatz aufgebaut. Einige leben sogar kontinuierlich auf einem Campingplatz. Doch was ist ein Dauercampingplatz und was ist dort erlaubt?

Dauercamping bedeutet, dass ein Wohnwagen oder Mobilheim dauerhaft auf einer gepachteten Campingplatz-Parzelle steht. Auch Häuser können auf Campingplätzen errichtet werden, doch diese Variante soll hier nicht im Fokus stehen, da die festen Häuser meist auf besonders ausgewiesenen Teilbereichen von Campingplätzen stehen. Hier gelten andere Vorschriften z. B. in Bezug auf Sicherheitsabstände.

Regelungen für das Abstellen von Mobilheimen

Der Wohnwagen oder das Mobilheim auf dem Campingplatz ersetzen das Ferienhaus, das meist teurer in der Anschaffung und dem Unterhalt ist.

Auch Tiny-Houses (bewegliche Mobilheime im Mini-Format) werden immer beliebter. Doch häufig gibt es gar keine rechtlichen Regelungen für das Abstellen von Mobilheimen auf Campingplätzen. Im April 2020 hat sich z. B. das Landeskabinett in Schleswig-Holstein auf eine Anpassung der Campingplatzverordnung in Bezug auf Mobilheime geeinigt. Hier unterscheidet man zwischen den beweglichen Modellen und den kaum noch beweglichen Modellen.

Mobilheime und Tiny-Houses dürfen nur noch auf den Campingplätzen stehen, wenn sie in einer Gefahrensituation schnell entfernt werden können (vgl. Landesregierung Schleswig-Holstein).

Dauercampingplatz und Erstwohnsitz

Dauercamper bewohnen entweder am Wochenende oder in den Ferien ihre fest abgestellten Wohnwagen oder Mobilheime. Es gibt aber auch Dauercamper, die kontinuierlich auf dem Campingplatz leben. Voraussetzung dafür ist, dass der Campingplatz ganzjährig geöffnet ist. Allerdings ist es nicht überall möglich, auch den ersten Wohnsitz auf die Parzelle eines Campingplatzes zu verlegen, dies setzt z. B. eine Bauleitplanung und die Erfüllung anderer Auflagen voraus und ist von den Vorgaben des Bundeslandes bzw. der Gemeinde abhängig. Camping- und Wochenendplätze dienen z. B. in Schleswig-Holstein laut einer neuen Verordnung nur dem Erholungswohnen. Somit ist die Anmeldung eines Erstwohnsitzes nicht möglich (vgl. Landesregierung Schleswig-Holstein).

Zusammenfassend kann gesagt werden, dass der Dauercampingplatz Parzellen für das Dauercamping zu Verfügung stellt. Häufig gibt es aber eine Mischung aus Dauer- und Urlaubscamping. Im Gegensatz zum Urlaubscamping ist Dauercamping saisonunabhängig und kann den Campingplatz-Betreibern eine gewisse Planungssicherheit bezüglich der Auslastung des Platzes geben.

Quellen:

Landesregierung Schleswig-Holstein (2020): Klare Regeln für Campingplätze. URL: https://www.schleswig-holstein.de/DE/Landesregierung/IV/_startseite/Artikel2020/II/200421_campingplatzverordnung.htm (abgerufen am 03.07.2020).

Die Qual der Wahl beim Campingplatz (Teil 1) – Campingpark und Naturcamping-platz

26. Juni 2020

Ein Campingplatz ist wie der andere? – Nein, absolut nicht, denn die Campingplatz-Landschaft wird von einem Vielfältigen Angebot geprägt, bei dem wir leicht den Überblick verlieren können. Im ersten Teil der Artikelserie zum Thema Campingplatz werden zwei sehr verschiedene Campingplatz-Konzepte betrachtet: Der Campingpark und der Naturcamping-platz

Das Angebot an Campingplätzen ist groß und daher versuchen die Inhaber ihr Angebot von anderen Betreibern abzuheben und zu differenzieren. So können Kundensegmente gezielt angesprochen werden. Es gibt viele Varianten: Strandcampingplatz, Waldcampingplatz, Dauercamping- oder Saisoncampingplatz, Trekkingplatz, Zeltplatz usw. Die Liste ist lang. Doch wie unterscheiden sich die verschiedenen Konzepte? Dies wird anhand der ersten Beispiele näher betrachtet.

1. Der Ferienpark für Camper

Im Gegensatz zum Standard-Campingplatz steht der Campingpark für mehr Komfort. Das Konzept orientiert sich an einem Ferienpark und bietet daher auch ein umfangreiches Freizeitangebot. So können zum Beispiel Schwimmbäder, Wellness-Angebote oder Sport- und Spielmöglichkeiten auf dem Gelände von Campingparks genutzt werden. Auch das Verpflegungsangebot geht über das übliche Spektrum hinaus und bietet eine Auswahl an Restaurants. (Vgl. Parkurlaub)

Eine allgemeingültige Abgrenzung der Begriffe Campingplatz und Campingpark gibt es aktuell nicht, da sie zum Teil synonym verwendet werden.

2. Naturcampingplätze stehen für Nachhaltigkeit

Ein Naturcampingplatz wird nach ökologischen Gesichtspunkten mit möglichst umweltfreundlichen oder recycelten Materialien aufgebaut. Die Nachhaltigkeit des Platzes steht im Fokus, daher wird auch der Standort umweltverträglich gewählt und der Campingplatz schonend in die Natur eingebunden. Sowohl bei dem Bau als auch bei dem Betrieb des Campingplatzes wird auf Energieeinsparung geachtet, deshalb können zum Beispiel auch Photovoltaikanlagen o. ä. angebunden sein. Wasser und Müll sollen so weit wie möglich eingespart werden. Die Versorgung des Campingplatz-Shops soll mit regionalen Produkten erfolgen, wenn es realisierbar ist. Dies soll Transporte über weite Strecken vermeiden. Die Besucher werden auf die Maßnahmen zur Nachhaltigkeit hingewiesen und zum Mitmachen animiert. (Vgl. eco-ferien)

Diese Art von Campingurlaub wird auch sanfter Tourismus oder nachhaltiger Tourismus genannt.

Quellen:

Eco-Ferien (o.J.): Was ist ein Naturcampingplatz? URL: https://www.eco-ferien.de/naturcampingplatz.htm (abgerufen am 26.06.2020).

Parkurlaub (o.J.): Campingparks – Unterschied zum Campingplatz. URL: https://www.parkurlaub.de/magazin/campingparks-was-unterscheidet-sie-vom-campingplatz.html (abgerufen am 26.06.2020).

Wann entstand der erste Wohnwagen?

17. Juni 2020

Der Wohnwagen steht heute für flexiblen Urlaub in der eigenen mobilen Unterkunft und die Ausstattung reicht von spartanisch bis luxuriös. Aber wann wurde eigentlich der erste Wohnwagen gebaut?

Menschen reisen schon seit vielen Jahrhunderten mit Kutschen, Planwagen oder Fuhrwerken. Als erster echter ausgebauter Wohnwagen für das freizeitorientierte Reisen gilt aber der sogenannte „Wanderer" von Gordon Stables aus Großbritannien. Im Juni 1885 brach Stables mit seinem Caravan, dessen Wände luxuriös mit Mahagoni mit Ahorn verkleidet waren, von Berkshire in Richtung Inverness in Schottland auf. Dies ist die erste Reise in einem Wohnwagen, auch wenn es nur langsam voran ging. Der „Wanderer" wurde lediglich von zwei Pferden gezogen. Zur Reisegesellschaft von Stables gehörten ein Diener, ein Kutscher, ein Hund und ein Kakadu. Der auch als „Land-Yacht" bezeichnete Caravan war von Stables entworfen und von der Firma Bristol Wagon Works Company gebaut worden (vgl. National Motor Museum).

Caravan vom Auto gezogen

Der erste Eccles-Wohnwagen erschien 1919. Es handelte sich dabei um eine sehr primitive Kabine auf Rädern, die von einem Auto gezogen werden konnte. In den 20er-Jahren wurden Wohnwagen in Tropfenform produziert (vgl. Historic Caravan Club). Diese Tropfenform kehrt aktuell zum Beispiel bei einigen Mini-Wohnwagen wieder zurück.

Erstes Modell in Deutschland

In Deutschland wurde der erste Wohnwagen 1931 von Arist Dethleffs gebaut. Er wollte nicht ohne seine Familie auf Dienstreise gehen und baute daher das sogenannte „Wohnauto". Es war ein Wohnanhänger, der von einem Auto gezogen werden konnte. Dieses Modell wurde allerdings nie in Serie gebaut und nur von der Familie Dethleffs für die Arbeit und auch für die Freizeit genutzt. Die ersten Kundenmodelle wurden 1934 verkauft und hießen „Tourist" (vgl. Dethleffs).

Quellen:

Dethlfeffs (o.J): Meilensteine der Dethleffs Historie. URL: https://www.dethleffs.de/dethleffs/ unternehmen/historie/ (abgerufen am 17.06.2020).

Historic Caravan Club (o.J.): A Brief History Of Touring Caravans. URL: http://www.historic-caravanclub.co.uk/8.html (abgerufen am 17.06.2020).

National Motor Museum (o.J.): The First Leisure Caravan. URL: https://nationalmotormuseum.org.uk/collections/camc-collection/the-worlds-first-leisure-caravan/ (aberufen am 17.06.2020).

Urlaub im Inland ist Favorit

5. Juni 2020

Zwei aktuelle Studien zeigen, dass der Urlaub im Inland aufgrund der Corona-Pandemie weiterhin in Fokus steht. Auch wenn Reisen wieder möglich ist, tendieren viele dazu, keinen kurzfristigen Urlaub anzutreten.

Eine Umfrage des Marktforschungsinstituts Appinio hat gezeigt, dass sich die meisten Befragten – auch wenn Reisen wieder erlaubt sind – keinen kurzfristigen Urlaub vorstellen können. 20 % können sich sogar erst nach März 2021 Urlaub vorstellen. 12 % würden sogar erst nach Dezember 2021 wieder in den Urlaub reisen. Vor allem Binnentourismus können sich die meisten Befragten vorstellen. 68 % favorisieren Deutschland als sicherstes Reiseland. 72 % empfinden das eigene Bundesland als sicheren Urlaubsort. 48 % würden sich in Nordeuropa/Skandinavien sicher fühlen (vgl. Appinio 2020, S. 9).

Viele sind unsicher, ob der Campingurlaub starten kann

Das Deutsche Caravaning Institut hat gemeinsam mit AL-KO Fahrzeugtechnik eine Umfrage unter 500 Wohnmobil- und Wohnwagenbesitzern durchgeführt. 69 % der Befragten planen in diesem Jahr mindestens eine Reise mit ihrem Wohnmobil bzw. Wohnwagen. Zwei Drittel wollen in den nächsten sechs Monaten verreisen, allerdings sind 63 % unsicher, ob sie die nächste Reise antreten können. 28 % gehen davon aus, dass in diesem Jahr nur Deutschland als Reiseziel für sie möglich ist.

Reichen die Kapazitäten für den Urlaub im Inland?

Nun stellt sich die Frage, ob die Kapazitäten der Campingplätze ausreichen werden, wenn Urlaub im Inland favorisiert wird. Dies hat schon zu neuen Entwicklungen wie den Pop-Up-Campingplätzen geführt. Ein Unternehmen richtet temporär Flächen als provisorischen Campingplatz ein. Geplant sind Pop-Up-Campingplätze z. B. auf ungenutzten Festivalflächen. Ein erster Pop-Up-Campingplatz befindet sich in der Lüneburger Heide.

Quellen:

Appinio (2020): Coronareport. URL: https://cdn2.hubspot.net/hubfs/2714352/Corona-virus-Studie/7. Corona Consumer Report.pdf (abgerufen am 05.06.2020).

Deutsches Caravaning Institut & AL-KO (2020): Reiseverhalten Freizeitfahrzeugbesitzer. URL: https://www.alko-tech.com/sites/default/files/news/18830/attachments/al-ko_infografik_umfrage.pdf (abgerufen am 05.06.2020).

Pop-up Camps (2020): Über uns. URL: https://popupcamps.de/ueberuns/ (abgerufen am 05.06.2020).

Urban Camping – Camper-Feeling in der Stadt

26. Mai 2020

Camping in der Stadt verbindet den Kurztrip mit Flexibilität und ist günstiger als ein Hotel. Dieser Trend wird als Urban Camping bezeichnet und viele große Städte bieten schon entsprechende Stellplätze in der City an.

Camping wird normalerweise mit Naturnähe verbunden. Gecampt wird am See, in der Nähe der Berge, dem Meer oder am Waldrand. Doch es gibt mittlerweile neue Trends im Camping, die eine andere Umgebung bevorzugen. Dazu gehört das Urban Camping.

Mit Urban Camping günstig Städte erkunden

Städte wie Hamburg oder Berlin bieten Stellplätze vor allem für Wohnmobilfahrer in zentraler Lage an. So liegt der Wohnmobilhafen in Hamburg mitten in der Hamburger City und verfügt über die notwenigen sanitären Anlagen, Strom und eine Ver- bzw. Entsorgungsmöglichkeit. Eine Übernachtung kostet für zwei Erwachsene und ein Kind bis 14 Jahren 25 EURO pro Tag. Damit zeigt sich ein Vorteil des Urban Camping. Die Übernachtungskosten sind für die zentrale Lage sehr günstig. Ein weiteres Beispiel ist die Wohnmobiloase in Berlin-Mitte. Dieser Stellplatz liegt ebenfalls verkehrsgünstig und hat eine Anbindung an den ÖPNV. Eine Übernachtung (Wohnmobil bis 7,5 Meter Länge) kostet hier 27 EURO für zwei Erwachsene und ein eigenes Kind bis 11 Jahre.

Auch internationale Metropolen bieten Campingplätze

Auch wenn in diesem Sommer vor allem Binnentourismus im Heimatland eine Rolle spielen wird, lohnt sich für zukünftige Reisen ein Blick ins Ausland. So bieten auch internationale Metropolen wie London oder Paris Campingplätze an. Ein Beispiel ist der Lee Valley Camping and Caravan Park, Edmonton, London. Der Platz liegt zwar nicht zentral in London, aber mit dem ÖPNV ist die Innenstadt erreichbar. Auch in Paris gibt es die Möglichkeit, auf einem Campingplatz zu übernachten. Im 16. Arrondissement gibt es zum Beispiel den Platz Camping de Paris, der einen Shuttle Service zum Erreichen der nächsten Métro-Station anbietet.

Es lohnt sich also für die nächste Planung eines Städtetrips auch die urbanen Campingplätze im

Auge zu behalten. Sie kombinieren die Flexibilität eines Campingurlaubs mit den Sehenswürdigkeiten und Freizeitmöglichkeiten der Stadt.

Was sind eigentlich Mini-Campingplätze?

15. Mai 2020

Es gibt viele verschiedene Arten von Camping-plätzen. Eine Variante sind die sogenannten Mini-Campingplätze oder Mini Camps. Doch was genau verbirgt sich hinter diesem Begriff?

Mini-Campingplätze oder Mini Camps sind Campingplätze mit einer geringen Kapazität an Stellplätzen. Eine genaue Definition gibt es nicht. Der niederländische Campingspezialist ACSI setzt die Grenze bei 50 Plätzen an (vgl. ACSI). Das Campingmagazin Caravaning setzt die Grenze bei 30 Stellplätzen (vgl. Caravaning 2020). DK-Camp ein Verband von 230 Campingplätzen in Dänemark setzt die Grenze bei 145 Stellplätzen (vgl. DK-Camp). Eine einheitliche Definition, wann es sich bei einem Campingplatz um einen kleinen bzw. Mini-Campingplatz handelt, ist nicht vorhanden.

Mini-Campingplätze sind hyggelig

Interessant ist, dass Organisationen wie ACSI o-der DK-Camp eigene Apps oder Kataloge für das Angebot an Mini-Campingplätze herausbringen. Sie werben darin mit der besonderen Familienfreundlichkeit und „hyggeliger“ Atmosphäre im Sinn von Gemütlichkeit bzw. Behaglichkeit von Mini-Campingplätzen. Auch Naturnähe scheint bei vielen Angeboten im Fokus zu stehen. Zu Mini-Campingplätzen gehören auch Angebote auf Bauernhöfen. So gibt es Camping-Wiesen auf Bauernhöfen, die nur wenige Stellplätze haben.

Interesse am Angebot ist vorhanden

ACSI listet unter den nach eigenen Standards geprüften kleinen Campingplätzen 2.000 Plätze in 26 europäischen Ländern auf und hat extra für Mini-Campingplätze eine eigene Webseite lanciert. Dies zeigt, dass Interesse am Angebot der Mini-Campingplätze besteht. Gerade in Corona-Zeiten könnte der Wunsch nach kleineren und überschaubaren Campingplätzen zunehmen. Besonders für Familien könnte das Angebot in Verbindung mit Freizeitaktivitäten in der Natur interessant sein. Die Entwicklung von Mini-Campingplätzen dürfte daher in der nächsten Zeit spannend zu beobachten sein. Allerdings gibt es noch keine offizielle Statistik zur Nachfrage nach solchen speziellen Angeboten.

Quellen:

ACSI (o.J.): Kleine Campingplätze. URL: https://www.kleinecampingplaetze.de/extrainfo/ueber-klein-und-fein-campen/ (abgerufen am 15.05.2020).

Caravaning (2020): Top kleine, naturnahe Campingplätze in Deutschland – Ruhe, Natur und viel Platz. URL: https://www.caravaning.de/campingplatz-vorstellung/top-9-campingplaetze-deutschland-klein-natur/ (abgerufen am 15.05.2020).

DK-Camp (o.J.): Kleine Campingplätze – die ganz große Alternative! URL: https://de.dk-camp.dk/artikel/Kleine-Campingplatze.html (abgerufen am 15.05.2020).

Corona-Lockerungen in den nördlichen Bundesländern – Was gilt für Camper?

8. Mai 2020

Erste Corona-Lockerungen in den nördlichen Bundesländern sorgen für Diskussionen. Wie gestalten sich die Vorgaben für den Camping-Tourismus und mit welchen Schritten ist zu rechnen? Das sind nur einige Fragen, die sich Camper aktuell stellen.

In Schleswig-Holstein sollen ab dem 18. Mai 2020 Corona-Lockerungen für den Tourismus und die Gastronomie unter Auflagen erfolgen. Das sagte Ministerpräsident Daniel Günther am 7. Mai 2020 im Landtag in Kiel. Das Einreiseverbot für touristische und Freizeitzwecke wird aufgehoben (vgl. Landesregierung Schleswig-Holstein 2020). Ab dem 18. Mai 2020 können Camping- und Wohnmobilstellplätze wieder genutzt werden, allerdings nur, wenn sich die Camper völlig autark versorgen können. Toiletten werden geöffnet. Duschen und Gemeinschaftsräume bleiben geschlossen (Ministerium für Wirtschaft, Verkehr, Arbeit, Technologie und Tourismus des Landes Schleswig-Holstein 2020).

Mecklenburg-Vorpommern ist offen für heimische Dauercamper

Mecklenburg-Vorpommern verfolgt einen landesweiten Phasenplan. Phase 1 hat am 01. Mai 2020 bereits begonnen, so dass Dauercamper wieder ihren Campingplatz nutzen dürfen. Das gilt allerdings nur für Dauercamper mit Erstwohnsitz in Mecklenburg-Vorpommern. Camper aus anderen Bundesländern können ihren Campingplatz nur wieder nutzen, wenn dieser als Zweitwohnsitz gemeldet ist. Interessant ist für Camper die Phase 4, die am 25. Mai 2020 beginnt: Dann können auch Touristen aus anderen Bundesländern wieder Urlaub in Mecklenburg-Vorpommern machen. Die Kapazität der Tourismusbetriebe wird allerdings zunächst auf 60 % beschränkt. Über die genauen Regeln für diese Phase werden sich Landesregierung und Branche noch verständigen. Hier gibt es bisher keine konkreten Informationen (vgl. Landesregierung Mecklenburg-Vorpommern 2020).

Auch Niedersachsen verfolgt Stufenplan bei Corona-Lockerungen

Auch Niedersachsen verfolgt einen Stufenplan in Bezug auf Lockerungen im Gastgewerbe und Tourismus: Stufe 1 begann am 06. Mai 2020 und ließ Übernachtungstourismus für Zweitwohnungsbesitzer und Dauercamper zu, allerdings nur in Eigennutzung. Stufe 2 beginnt am 11. Mai 2020. Dann soll der Übernachtungstourismus in weitgehend autarken Einrichtungen wieder möglich sein (Ferienwohnungen, Ferienhäuser, auf Camping- und Wohnmobilstellplätzen sowie Bootsliegeplätzen). Auf den Campingplätzen gelten eine maximale Auslastung von 50 % sowie zusätzlichen Hygieneanforderungen an die Gemeinschaftseinrichtungen (z.B. Sanitäranlagen). Stufe 3 beginnt am 25. Mai 2020 und beinhaltet eine weitere Öffnung der Gastronomie sowie auch eine teilweise Öffnung der Beherbergungsbetriebe. Weitere Details zu anderen Stufen liegen noch nicht vor (vgl. Niedersächsisches Ministerium für Wirtschaft, Arbeit, Verkehr und Digitalisierung 2020).

Quellen:

Landesregierung Mecklenburg-Vorpommern (2020): Mecklenburg-Vorpommern öffnet Tourismus schrittweise – Fünf-Stufen-Plan zum sicheren Tourismus. URL: https://www.regierung-mv.de/Landesregierung/Tourismus-Corona/ (abgerufen am 08.05.2020).

Landesregierung Schleswig-Holstein (2020): Tourismus und Gastronomie ab 18. Mai unter Auflagen wieder starten: Ministerpräsident Günther stellt Lockerungen im Landtag vor. URL:

https://schleswig-holstein.de/DE/Landesregierung/I/Presse/PI/2020/Corona/200507_regierungsbericht_landtag.html (abgerufen am 08.05.2020).

Ministerium für Wirtschaft, Verkehr, Arbeit, Technologie und Tourismus des Landes Schleswig-Holstein (2020): Land geht ab 18. Mai im Tourismus-Stufenplan einen weiten Schritt voran. URL: https://www.schleswig-holstein.de/DE/Landesregierung/VII/Presse/PI/2020/Corona/200507_Tourismus_Regelungen.html (abgerufen am 08.05.2020).

Niedersächsisches Ministerium für Wirtschaft, Arbeit, Verkehr und Digitalisierung (2020): Antworten auf häufig gestellte Fragen (FAQ). URL: https://www.mw.niedersachsen.de/startseite/aktuelles/coronavirus_informationen_fur_unternehmen/antworten-auf-haufig-gestellte-fragen-faqs-186294.html (abgerufen am 08.05.2020).

Individualität ist Trend

29. April 2020

Camping im Zelt oder Wohnwagen? Das kann jeder. Ungewöhnliche Übernachtungsmöglichkeiten sorgen für Individualität und locken neue Gäste auf die Campingplätze

Es gibt die typischen Campingunterkünfte wie Wohnwagen, Wohnmobil oder Zelt, aber es gibt auch andere Varianten für Gäste, die sich mehr Individualität wünschen. Und Individualität ist schon lange einer der wesentlichen Trends im Tourismus (vgl. Herrmann 2016, S. 29). Um diesem Wunsch der Gäste nach Individualität zu begegnen, bedarf es einer Differenzierung der Angebote am Markt.

Vom Zirkuswagen bis zum Bubble-Tent ist alles dabei

Eine Möglichkeit, sich von anderen Campingplätzen abzuheben, ist die Vermietung von ungewöhnlichen Campingunterkünften. Wenn der Gast nicht seine eigene Campingunterkunft mitbringt und nach einer besonderen Übernachtungsmöglichkeit sucht, kann er in Europa mittlerweile aus einem großen Portfolio an Angeboten wählen. Bei der Ausstattung und dem Komfort der besonderen Unterkünfte gibt es keine Grenze von der Übernachtung in einem Zirkuswagen bis hin zu einer Übernachtung in einem Bubble-Tent, einer durchsichtigen Kuppel, ist alles dabei.

Es gibt verschiedenste Zeltvarianten, wie Tipis, Baum- oder Safari-Zelte. Aber auch feste Gebäude wie Campingfässer, Schäferwagen oder sogenannte Tiny Houses (Mini-Häuser in unterschiedlichstem Design und Komfort) werden auf Campingplätzen angeboten und sorgen für Individualität. Zudem gibt es Schlafstrandkörbe oder Schlafhängematten für die eher einfache Übernachtung. Der Kreativität ist kaum eine Grenze gesetzt.

Innovative Konzepte als Chance

Die ungewöhnlichen Übernachtungsmöglichkeiten können eine Chance zur innovativen Produkt- und Angebotsgestaltung von Campingplätzen sein. Dadurch können auch neue Kundensegmente angesprochen werden. Auch Menschen, die normalerweise nicht Campen würden, können zum Beispiel mit neuen Unterkunftskonzepten angesprochen werden und so den Kundenstamm erweitern. Dies kann auch mit einem Luxussegment gelingen. Das sogenannte Glamping (ein Mix aus Glamour und Camping) ist ein neues Segment und bietet luxuriöse Unterkünfte auf Campingplätzen. Die Mieter solcher Unterkünfte können die Flexibilität des Campings genießen und müssen nicht auf den gewünschten Komfort und Individualität verzichten.

Neue Konzepte sind immer mit Investitionen verbunden, die gerade in der aktuellen Zeit vielen Platzbetreibern schwerfallen. Allerdings bieten neue Konzepte auch Chancen auf einem vielleicht bald auflebenden Binnentourismusmarkt.

Quellen:

Herrmann, H.-P. (2016): Tourismuspsychologie. Springer Verlag

Binnentourismus – Chance in der Krise?

24. April 2020

Der Binnentourismus kann in der Krise eine Chance für die Campingbranche sein. *Es gibt erste Lockerungen in Bezug auf den Campingtourismus. Ab 01. Mai dürfen z. B. in Mecklenburg-Vorpommern Dauercamper wieder auf die Campingplätze. Auch in NRW ist dies in Zeiten der Corona-Krise erlaubt.*

Nach den Worten des deutschen Außenministers Maas ist internationaler Tourismus in absehbarer Zeit nicht möglich. Auch der österreichische Bundeskanzler Kurz plädiert für einen Urlaub im eigenen Land (Stand: 24. April 2020). Dies könnte eine gute Nachricht für die inländischen Campingplatzbetreiber sein, doch das Kompetenzzentrum Tourismus hat berechnet, dass sich bei einer optimistischen Schätzung der Tourismus erst ab Juli 2020 erneut belebt. Realistische Schätzungen liegen bei einer Belebung ab Oktober 2020. Eine vollständige Normalisierung wird es wohl erst im April oder Juli 2021 geben (vgl. Burzinski 2020).

Wann startet die Belebung des Binnentourismus?

Dies sind natürlich weiterhin keine guten Nachrichten für die Campingplatzbetreiber und Camper. Auch bei einer Belebung ab Juli 2020 wäre ein großer Teil der Sommersaison schon vorbei. Doch das Kompetenzzentrum Tourismus schätzt, dass in Bezug auf den Binnentourismus in der möglicherweise nahen Lockerungsphase schon Umsätze von 60 % gegenüber dem Basiszeitraum des letzten Jahres möglich wären (vgl. Burzinski 2020). Bei einem optimistischen Blick auf die Situation könnte sich speziell der Binnentourismus schon bis Ende 2020 vollständig erholen (vgl. ebd.).

Erste Lockerungen ab Mai

Und die Lockerungen beginnen. Ab 1. Mai dürfen z. B. in Mecklenburg-Vorpommern Dauercamper wieder auf die Campingplätze. Allerdings nur, wenn sie auch ihren Hauptwohnsitz in Mecklenburg-Vorpommern haben (vgl. NDR 2020a). In NRW dürfen Dauercamper auf die Campingplätze, da ihr Aufenthalt nicht in den Bereich „touristische Übernachtung" fällt. Auch Schleswig-Holstein plant die touristische Wiederbelebung. Hier können die Dauercamper vielleicht schon ab dem 04. Mai 2020 wieder auf ihre Plätze, doch sicher ist dies noch nicht (vgl. NDR 2020b).

Insgesamt könnte es ein Hoffnungsschimmer für die Campingplatzbetreiber und Camper sein, dass der Sommerurlaub für die Bürger wohl im Inland stattfinden wird oder sich trotz Lockerungen viele Bürger für einen Urlaub im eigenen Land entscheiden könnten.

Quellen:

Burzinski, M. (2020): Kompetenzzentrum Tourismus – Update Recovery-Check: Schnellere Erholung des Binnentourismus in Deutschland. URL: https://www.destinet.de/lernkurve/8027-kompetenzzentrum-tourismus-szenarien-f%C3%BCr-den-langen-weg-aus-dem-lockdown (abgerufen am 24.04.2020).

NDR (2020a): MV lockert Tourismus-Stopp mit Stufenplan ab 1. Mai. URL: https://www.ndr.de/nachrichten/mecklenburg-vorpommern/MV-lockert-Tourismus-Stopp-mit-Stufenplan-ab-1-Mai,coronavirus1602.html (abgerufen am 24.04.2020).

NDR (2020b): Corona: Zustimmung für Tourismus-Stufenplan. URL: https://www.ndr.de/nachrichten/schleswig-holstein/Corona-Zustimmung-fuer-Tourismus-Stufenplan,tourismus812.html (abgerufen am 24.04.2020).

Landyachting – Luxussegment der Campingbranche

17. April 2020

Wie eine luxuriöse Yacht auf dem Meer fahren immer größere und luxuriösere Wohnmobile über die Straßen. Dieses Phänomen wird Landyachting genannt und ist eine Ausprägung des sogenannten Glampings.

Glamping steht für luxuriöses Camping. Der Begriff ist eine Mischung aus Glamour und Camping. Und glamourös sind die Wohnmobile der Luxusklasse. Wie exquisite Yachten gleiten die edlen Wohnmobile über die Straßen. Dieses Bild führte zur Entwicklung des Begriffs Landyachting. Erdacht haben das Wort in diesem Kontext die Autoren eines Reiseführers (vgl. Jankowski).

Mobilität und Luxus mit Landyachting

Landyachting bedeutet zum einen Mobilität und zum anderen Luxus. Die Kunden, die ein edles Wohnmobil kaufen oder mieten, sehnen sich nach der Flexibilität eines Wohnmobils in Kombination mit dem Wohnkomfort, den sie von zu Hause oder einem Hotel gewohnt sind (vgl. Welt 2015). Platz ist das Credo. Die Luxuswohnmobile sind meist sehr groß. Zwischen drei Meter breit und zehn Meter lang sind die Modelle (vgl. Jankowski 2015). Nicht immer reichen die Stellflächen auf den Campingplätzen für so eine Abmessung aus. Ein Luxuscamper sollte sich daher schon vor Reisebeginn über die Stellmöglichkeiten auf den Campingplätzen informieren.

Auch unabhängiges Camping ist mit einem Luxuswohnmobil möglich. Drei bis vier Tage kann so ein Luxusgefährt autark auskommen (vgl. ebd.).

Exklusiv sind nicht nur die Abmessungen der Edelwohnmobile. Auch die Inneneinrichtung ist meist von besonderer Qualität. So gibt es neben exklusiven Materialien, die bei der Ausstattung verwendet werden, auch technische Finessen, wie Mikrowellen oder Geschirrspüler.

Lkw-Führerschein kann notwendig sein

Vor der Anschaffung oder Anmietung eines Luxuswohnmobils sollten Interessenten prüfen, ob der eigene Führerschein ausreicht. Aufgrund der Ausmaße der Fahrzeuge ist in einigen Ländern ein Lkw-Führerschein notwendig, um sich hinter das Steuer zu setzen (vgl. Zerbel 2018).

Die Preise für die Luxuswohnmobile variieren und starten im Bereich von 100.000 EURO. Nach oben hin gibt es kaum eine Grenze. Es kommt darauf an, wie viel Luxus sich die Käufer gönnen wollen. Es gibt sogar Modelle, die eine Garage für einen PKW bieten. Schnell werden dann schon sechsstellige Beträge für die Anschaffung erreicht. Ob dies noch dem Geist des Campings entspricht, liegt im Auge des Betrachters.

Quellen:

Jankowski, N. (2015): Da rollt die Suite. URL: .https://www.manager-magazin.de/life-style/auto/landyachting-camping-im-luxus-segment-a-1031485.html (abgerufen am 17.04.2020).

Welt (2015): Die spektakulärsten Routen für Wohnmobiltouren. URL: https://www.welt.de/reise/article137658197/Die-spektakulaersten-Routen-fuer-Wohnmobiltouren.html (abgerufen am 17.04.2020).

Zerbel, M. (2018): Die Luxus-Camper kommen. URL: https://www.welt.de/regionales/bayern /article175881926/Caravaning-Die-Luxus-Camper-kommen.html (abgerufen am 17.04.2020).

Das Campingfass als originelle Unterkunftsform

6. April 2020

Es gibt viele verschiedene Unterkunftsarten beim Camping. Eine Variante sind Mobilheime, die wiederrum in verschiedenen Arten angeboten werden. Eine Möglichkeit ist das sogenannte Campingfass aus Holz.

Mobilheime liegen im Trend. Sie lassen sich auf vielen Campingplätzen finden. Entweder stellen Camper diese auf gemieteten Parzellen auf oder die Campingplatzbetreiber bieten die Mobilheime als Vermietungsobjekt für Touristen an. Eine originelle Variante des Mobilheims ist das Campingfass das auch Schlaffass oder Fasshaus genannt wird.

Das Campingfass ist wie ein Zelt mit festen Wänden

Das Campingfass ist ein großes hölzernes Weinfass in Blockbohlenbauweise, in dem die Nutzer übernachten können. Es kann je nach Wunsch und Größe einfach oder luxuriös ausgestattet sein. Neben den Schlafgelegenheiten gibt es im Fass einen kleinen Ess- und Aufenthaltsbereich. Der Vorteil gegenüber einem Zelt sind die festen Wände. Zudem können Campingfässer mit einer Heizung ausgestattet werden, was für Trockenheit und Wärme auch an klammen Tagen sorgt. Meist sind die Unterkünfte bereits ausgestattet, so dass die Mieter ohne Campingequipment auskommen. Die Campingfässer eignen sich dadurch auch für kürzere Aufenthalte und für Camping-Neulinge, die schauen möchten, ob ihnen das Campen zusagt.

Interessant, gerade für naturnahes Camping, ist auch das natürliche Baumaterial der Fässer. Es gibt bereits Fasshotels, die sich auf das Angebot dieser Unterkunftsart spezialisiert haben.

Campingfass benötigt Genehmigung

Je nach Ausstattung und Art benötigen die Campingfässer gegebenenfalls eine Baugenehmigung, die Details sind abhängig vom Bundesland. Die Prüfung des Bebauungsplans kann als erster Schritt hilfreich sein.

Der Anschaffungspreis variiert nach Größe und Ausstattung und liegt bei durchschnittlich ca. 5.300 EURO. Bei der Anschaffung lohnt sich sicherlich ein Blick auf die Holzart und -herkunft sowie auf die Verarbeitung. Die Fässer sollten gut isoliert und winddicht sein.

Es gibt viele Anbieter, bei denen ein Schlaffass erworben werden kann. Der Aufbau kann von Experten übernommen werden, aber es gibt im Handel auch Bausätze für diejenigen, die sich zutrauen, solch ein Gebäude selbst zu errichten.

Campingplätze in der Corona-Krise

30. März 2020

Touristische Reisen innerhalb Deutschlands hat die Bundesregierung untersagt. Davon ist auch die Campingbranche betroffen. Laut Statistischem Bundesamt (Destatis) gibt es 3.062 Campingplätze in Deutschland (Stand Januar 2020), die nun aufgrund der Corona-Krise schließen mussten. Dies bedeutet, dass auch Einrichtungen wie Waschräume und Küchenbereiche nicht zugänglich sind. Campingplätze weisen auf ihren Internetseiten darauf hin, dass sich daher auch keine Dauercamper auf den Plätzen aufhalten sollten bzw. dürfen (entscheidend für den Aufenthalt von Dauercampern ist die aktuelle Verfügung des jeweiligen Bundeslandes zum Infektionsschutz).

Der Zusammenhalt in der Krise und die Einhaltung der Vorsichtsmaßnahmen ist wichtig, doch es ist sicherlich schmerzhaft für die Branche, dass nun die Buchungen über die Osterzeit wegfallen. Gerade das Frühjahr ist bei schönem Wetter neben der Sommersaison eine gute Einnahmequelle für die Platzbetreiber.

Die Camper sind wie alle anderen Kunden in der Reisebranche verunsichert. Keiner weiß, wie es weitergeht, und daher stornieren viele Campinggäste schon jetzt ihre reservierten Stellplätze für den Sommer. Einige Campingplatzbetreiber appellieren auf ihren Internetseiten an die Kunden, nicht zu stornieren, sondern umzubuchen.

Umbuchungs- und Stornierungsbedingungen wurden teilweise angepasst, so dass Umbuchungen in der Krise auch kostenfrei angeboten werden (Informationen werden über die jeweiligen Internetpräsenzen der Campingplätze veröffentlicht). Informationen zur rechtlichen Situation bezüglich der Stornierungen aufgrund der Corona-Krise hat zum Beispiel der ADAC veröffentlicht.

Umbuchungen und Stornierungen sind zwar keine Mittel des Krisenmanagements, aber sie sind besonders für die Kunden in Krisenzeiten wichtig. So können diese Instrumente eingesetzt werden, um Kunden zu binden. Sie sind aber auch kostenintensiv (vgl. Glaeßer 2007, S. 276). Buchungsverträge bleiben dem Campingplatz mit Umbuchungen aber erhalten, was zukünftigen Liquiditätsengpässen entgegenwirken kann.

Nun müssen alle abwarten und hoffen, denn vor dem 20. April 2020 wird es keine Lockerungen der Beschränkungen geben. Informationen über Hilfsangebote für betroffene Unternehmen bietet zum

Beispiel der Deutsche Tourismusverband auf seinen Internetseiten.

Quellen:

Destatis (2020): Monatsergebnisse der Fachserie 6 Reihe 7.1 Januar 2020. URL: .https://www.destatis.de/DE/Themen/Branchen-Unternehmen/Gastgewerbe-Tourismus/_inhalt.html (abgerufen am 30.03.2020).

Glaeßer, D. (2007): Handbuch Krisenmanagement im Tourismus. Erich Schmidt Verlag.

Campingwirtschaft und Corona

23. März 2020

Die Corona-Krise hat auch den Camping-Tourismus fest im Griff. Dabei geht es nicht nur um die Schließung von Campingplätzen, sondern z. B. auch um die Auswirkungen auf die Produktion und die Vermietung von Campingfahrzeugen. Die großen Verbände der Campingwirtschaft bzw. der Tourismuswirtschaft haben auf ihren Internetseiten die wichtigen Informationen zusammengefasst:

Caravaning Industrie Verband e.V. (CIVD): https://www.civd.de/artikel/auswirkungen-auf-den-caravaning-tourismus/

Bundesverband der Campingwirtschaft in Deutschland e.V. (BVCD): https://www.bvcd.de/themencoronavirus.html

Deutscher Tourismusverband: https://www.deutschertourismusverband.de/service/coronavirus.html

Car Camping – Übernachten im eigenen Auto

16. März 2020

Das reine Übernachten im eigenen Auto hört sich günstig und einfach an. Doch ist dies in Deutschland eigentlich erlaubt? Grundsätzlich spricht nichts dagegen, wenn an einem Platz geparkt wird, der auch als Parkbereich ausgewiesen ist, und ggf. Parkgebühren entrichtet werden. Allerdings sollte nicht zu lange an einem Ort geparkt werden, da ansonsten das Ordnungsamt einschreiten könnte, wenn sich z. B. Müll ansammelt (vgl. ADAC Nordrhein 2017). Auch Campingstühle o.ä. sollten nicht ausgepackt werden, da es sich dann nicht mehr um Parken, sondern um Camping handelt und dies ist nicht überall erlaubt. Besser wäre es daher, einen Campingplatz aufzusuchen und dort zu übernachten.

Das Auto kann entsprechend vorbereitet werden. So können z. B. Kastenwagen zu kleinen Wohnmobilen umgebaut werden. Dafür wird eine Liegefläche eingebaut und zusätzlich z. B. eine kleine ausklappbare Küche oder ein Wassertank implementiert. Dies kann in Eigenregie oder durch eine spezialisierte Fachfirma erfolgen. Die eingebauten Module lassen sich im Alltag entfernen, so dass sich der

Wagen auch außerhalb der Campingzeit nutzen lässt (vgl. Pander 2016). Dies ist sicherlich eine kostengünstige Alternative zum Campervan, bei der allerdings Abstriche im Bereich Komfort gemacht werden müssen.

Quellen:

ADAC Nordrhein (2017): Übernachten im Auto – was ist erlaubt, was nicht? URL: https://presse.adac.de/regionalclubs/nordrhein-westfalen/car-camping.html (abgerufen am 16.03.2020).

Pander, J. (2016): Schlafen im Auto – Ab in die Kiste. URL: https://www.spiegel.de/auto/aktuell/schlafen-im-auto-so-wird-der-pkw-zum-mini-wohnmobil-a-1091592.html (abgerufen am 16.03.2020).

Camping mit Hund

9. März 2020

Auf vielen Campingplätzen sind Hunde willkommen, daher ist Camping eine interessante Urlaubsform für Hundebesitzer. Doch es gibt einige Punkte zu beachten, wenn man mit seinem geliebten Vierbeiner im Wohnwagen oder Wohnmobil den Urlaub verbringen möchte.

Zum einen sollte beachtet werden, dass Hunde zwar auf vielen Campingplätzen willkommen sind, aber trotzdem Leinenzwang in allen Bereichen besteht. Einige Campingplätze erlauben nur die Unterbringung des Hundes im Wohnwagen (vgl. Frank 2019). Man sollte sich daher informieren, ob z. B. ein Hundeauslauf oder eingezäunte Stellplätze angeboten werden, um den Vierbeiner auch ohne Leine laufen zu lassen. Einige Campinplätze sind sehr hundefreundlich eingerichtet und verfügen auch über Hundeduschen oder Hundespielplätze.

Zum anderen nächtigen auch Hunde auf den meisten Campingplätzen nicht kostenfrei, das sollte bei der Berechnung des Reisebudgets beachtet werden. Je nach Saison und Campingplatz kann der Preis für die Übernachtung eines Hundes von z. B. 1,00 bis 10,00 EURO variieren. Es lohnt sich also, vorab einen Blick auf die Preisliste des Campingplatzes zu werfen. Zudem sollte auch die Platzordnung in Bezug auf Hunde geprüft werden, denn es kann vorkommen, dass bestimmte Hunderassen (Kampfhund) nicht erwünscht sind.

Gerade bei Auslandsreisen sind Einreisebestimmungen wie Impfungen für Hunde zu beachten. Wichtig ist dabei auch ein europäischer Heimtierausweis, der mitzuführen ist (vgl. BMEL 2019a). In einigen Ländern gibt es Vorschriften für die Haltung bestimmter Hunderassen, dies sollte vor der Reise geprüft werden, um unliebsame Überraschungen zu vermeiden. In diesem Zusammenhang sollte man sich auch mit Vorgaben wie z. B. der Maulkorbpflicht auseinandersetzen (vgl. BMEL 2019b). Informationen zu Einreisebestimmungen und weitere Tipps gibt es z. B. auf den Internetseiten des Bundesamtes für Ernährung und Landwirtschaft.

Linktipps:

Praktische Tipps und Informationen gibt es z. B. hier (externe Links):

Blog Wiederunterwegs: https://www.wiederunterwegs.com/camping-mit-hund-tipps/

Blog campofant: https://campofant.com/camping-mit-hund-tipps-hundeurlaub/

Quellen:

BMEL (Bundesministerium für Ernährung und Landwirtschaft) (2019a): Regelungen für Reisen mit Hunden, Katzen und Frettchen innerhalb der EU. URL: https://www.bmel.de/DE/Tier/HausUndZootiere/Heimtiere/_Texte/Heimtierausweis.html (abgerufen am 09.03.2020).

BMEL (Bundesministerium für Ernährung und Landwirtschaft) (2019b): Tipps zur Reiseplanung mit Tieren. URL: https://www.bmel.de/DE/Tier/HausUndZootiere/_texte/ReiseplanungTiere.html (abgerufen am 09.03.2020).

Frank, M. (2019); Camping mit Hund – darauf sollten Sie achten. URL: https://praxistipps.focus.de/camping-mit-hund-darauf-sollten-sie-achten_112176 (abgerufen am 09.03.2020).

Absolute Freiheit und Flexibilität mit autarkem Camping?

2. März 2020

Selbstbestimmt und unabhängig sein, das ist für 72 % der Befragten einer Online-Studie mit 2.238 Teilnehmern der wichtigste Grund für einen Camping-Urlaub (vgl. GfK, 2019). Unabhängig bzw. autark von einem Campingplatz irgendwo stehen ist allerdings in Deutschland nicht erlaubt. Die Rahmenbedingungen für das sogenannte Wildcampen mit einem Zelt oder das Biwakieren sind Sache der Bundesländer (siehe auch Blog-Beitrag Der Trekkingplatz – naturnahe Übernachtungen im Zelt).

Mit einem Wohnmobil oder einem Wohnwagen darf nicht einfach irgendwo ein Stellplatz zum Campingplatz umfunktioniert werden. Es darf z. B. auf Parkplätzen nur gerastet werden, damit man wieder fit für die Weiterfahrt wird (vgl. Rehwald). In anderen Ländern wie Skandinavien ist aber auch der längere Aufenthalt an einem frei gewählten Platz realisierbar. Hier gilt das Jedermannsrecht (vgl. Focus, 2016).

Aber bei dem autarken Camping gibt es neben Regeln, wie z. B. Rücksicht auf Flora und Fauna, auch Herausforderungen für das Equipment. Da nicht jeder Wohnwagen oder jedes Wohnmobil autark konstruiert ist, muss ggf. nachgerüstet werden. Zu bedenken sind z. B. die Strom- und Gasversorgung. Neben einer Batterieversorgung für den Wohnbereich ist auch die Stromversorgung über erneuerbare Energien eine Möglichkeit der Versorgung ohne Netzanschluss. So können z. B. Solarzellen auf dem Dach angebracht werden. Auch auf eine ausreichende Versorgung mit Frischwasser und die Größe der Abwassertanks sollte geachtet werden. Gerade für die Entsorgung von Abwasser und Müll sowie für z. B. das Wäschewaschen sollte letztendlich doch ein Besuch auf einem Campingplatz eingeplant werden.

Informationen zum Wildcampen in Skandinavien gibt es im Internet z. B. am Beispiel Norwegen: https://www.visitnorway.de/reiseplanung/reisetipps/jedermannsrecht/

Quellen:

Focus (2016): Wildcampen: Das Jedermannsrecht in Skandinavien. URL: https://www.focus.de/reisen/diverses/tourismus-wildcampen-das-jedermannsrecht-in-skandinavien_id_5643473.html (abgerufen am 02.03.2020).

GfK (2019): Wie relevant ist Caravaning in Deutschland und wie wird sich der Markt entwickeln? URL: https://www.civd.de/wp-content/uploads/2019/09/262019_GfK-Studie_Wie-relevant-ist-Caravaning-in-Deutschland.pdf (abgerufen am 02.03.2020).

Rehwald, F. (2009): Die große Freiheit mit dem Wohnmobil – von wegen. URL: https://www.welt.de/reise/article4207586/Die-grosse-Freiheit-mit-dem-Wohnmobil-von-wegen.html (abgerufen am 02.03.2020).

Tiny Traveler – Camping ganz minimalistisch

24. Februar 2020

Wer sich auf Camping-Messen umschaut, entdeckt viele luxuriöse und immer geräumigere Wohnwagen und Wohnmobile. Doch es entwickelt sich auch ein ganz anderer Trend zu mehr Minimalismus: Der Mini-Wohnwagen oder auch tiny traveler (vgl. Pander, 2019).

Die Mini-Wohnwagen sind klein, kompakt und leicht. Sie bieten meist nur eine Liegefläche für zwei Personen und daher kann man in ihnen auch nicht aufrecht stehen. Die Küche befindet sich z. B. im Heck, so dass man beim Kochen im Freien steht und nur durch die Heckklappe oder ein extra montierbares Zelt vor Regen geschützt wird.

Viele Modelle haben eine Tropfenform und werden daher auch Teardrop-Trailer genannt. Die Idee des Mini-Wohnwagens ist nicht neu. So wurde schon im Jahr 1947 in den USA ein Bauplan für einen Teardrop-Trailer veröffentlicht (vgl. Sibley, 1947).

Händler betonen den Umweltschutzgedanken des Mini-Wohnwagens. In der Herstellung benötigten diese weniger Material. Zudem verbraucht das Zugfahrzeug aufgrund des geringen Gewichts des Mini-Wohnwagens weniger Kraftstoff (vgl. Pander, 2019). Auch ein Kleinwagen kann einen solchen Mini-Wohnwagen ziehen. Der Camping-Trend zum Minimalismus wird auch „Cramping" genannt (Cramping bedeutet so viel wie eingeengt oder eingepfercht). Das Ziel ist es, mit möglichst wenig Equipment unterwegs zu sein (vgl. Frahm, 2017).

Quellen:

Frahm, C. (2017): Kurz weg. URL: https://www.spiegel.de/auto/fahrkultur/kleinst-wohnwagen-teardrop-ein-caravan-fuer-minimalisten-a-1148475.html (abgerufen am 24.02.2020).

Pander, J. (2019): Urlaub in der Dose. URL: https://www.spiegel.de/auto/fahrkultur/mini-wohn-wagen-neue-schicke-ultrakompakte-caravans-a-1253076.html (abgerufen am 24.02.2020).

Sibley, H. (1947): Trailer for Two. In: Mechanix Illustraited. URL: https://web.archive.org/web/20050923200357/http://tinytears.cc/Scans/Trailer%20For%20Two.pdf (abgerufen am 24.02.2020).

Point of interest – Interessante Orte für die Routenplanung

17. Februar 2020

Legt man als Camper Wert auf die Routenplanung, sind sogenannte Points of interest (kurz POI) eine hilfreiche Unterstützung. Ein POI muss dabei nicht unbedingt besonders sein. So können POIs einfach Orte und Einrichtungen sein, die für Bürger, Gäste und Touristen einer Region interessant sind (vgl. Kommunalverbund Niedersachsen Bremen). Ein POI zeigt in einer digitalen Landkarte z. B. Campingplätze, Tankstellen, Sehenswürdigkeiten, Haltestellen oder Supermärkte an. Ein POI verfügt dabei immer über die jeweiligen Koordinaten, einen Namen und ein Symbol. Es können aber auch Zusatzinformationen wie eine Anschrift, eine Beschreibung oder eine Telefonnummer vorhanden sein (vgl. wegeundpunkte).

Technisch gesehen sind POIs Geodaten, die in Landkarten dargestellt werden (vgl. openstreetmap). Es gibt zu verschiedenen Themen POI-Datenbanken, die kostenfrei oder gegen ein Entgelt in das eigene GPS- bzw. Navigationssystem geladen werden können. Für Camper können z. B. POI-Datenbanken mit Geodaten zu Camping- und Stellplätzen interessant sein. Die Daten liegen z. B. als GPX-Datei (GPS Exchange Format) vor. Dieses Format kann mittlerweile von fast jedem GPS-Gerät gelesen werden (vgl. Bett+Bike).

Werden keine POIs gezielt in der App oder dem Navigationssystem hochgeladen oder eingestellt, entsprechen die POIs der Benutzerstruktur und den Interessen des Nutzers, die er vorher definiert hat (vgl. ITWissen). Navigationsgeräte sowie einige Smartphone Apps erlauben auch den Upload von eigenen POI-Listen (vgl. openstreetmap).

Quellen:

Bett+Bike (o.J.): Ihre Fahrradtour auf einer digitalen Karte oder auf dem GPS Gerät. URL: https://www.bettundbike.de/service/alle-gastbetriebe-als-poi/ (abgerufen am 17.02.2020).

ITWissen (o.J.): POI (point of interest). URL: https://www.itwissen.info/POI-point-of-interest.html (abgerufen am 17.02.2020).

Kommunalverbund Niedersachsen Bremen (o.J.): POI – "Points of Interest" für die Region Bremen. URL: https://www.kommunalverbund.de/portal/seiten/poi-points-of-interest-fuer-die-region-bremen-901000340-3300.html (abgerufen am 17.02.2020).

Openstreetmap (o.J.): Points of interest. URL: https://wiki.openstreet-map.org/wiki/DE:Points_of_interest (abgerufen am 17.02.2020).

Wegeundpunkte (o.J.): Was ist ein POI? URL: https://www.wegeundpunkte.de/gps.php?content=poi (abgerufen am 17.02.2020).

Der Trekkingplatz – naturnahe Übernachtungen im Zelt

10. Februar 2020

Naturnah in der Wildnis campen. Das wünschen sich sicherlich viele Camper. Aber nicht überall in Deutschland ist diese Form des wilden Campings erlaubt. Entscheidend ist, in welchem Bundesland man sich befindet und wie das wilde Camping in den jeweiligen Naturschutz- und Waldgesetzen behandelt wird (vgl.Carstens). Eine Alternative zum Campingplatz mit mehr Nähe zur Natur sollen die sogenannten Trekkingplätze bieten (vgl. Carstens).

So kann man z. B. in Schleswig-Holstein in dafür vorgesehenen Bereichen in der Regel kostenlos übernachten. Das Angebot gilt allerdings nur für Wanderer und Fahrradfahrer, die mit einem Zelt unterwegs sind. Zudem müssen einige Verhaltensregeln eingehalten werden. Es ist nur maximal eine Übernachtung für ein bis zwei kleine Zelte mit je maximal drei Personen erlaubt. Zudem muss man natürlich den Platz sauber hinterlassen. Je nach Anbieter der Fläche können auch weitere Regeln Gültigkeit haben (vgl. Wildes SH).

Auch in der Pfalz werden Trekkingplätze angeboten. Seit 2009 wurden immer mehr Plätze eingerichtet, so dass es seit Ende März 2019 fünfzehn Trekkingplätze im Pfälzerwald gibt, die von April bis Oktober genutzt werden können (vgl. Trekking-Pfalz).

Auch in der Eifel, im Hunsrück, im Elbsandsteingebirge, im Schwarzwald und im Spessart gibt es Trekkingplätze (vgl. Carstens).

Zu beachten ist, dass eine Anmeldung für das Übernachten auf Trekkingplätzen nötig sein kann. Eine Übersicht über einige Trekkingplätze in Deutschland gibt es bei Openstreetmap.

Quellen:

Carstens, P. (o.J.): Wildcampen: Hier ist es auch in Deutschland erlaubt. URL: https://www.geo.de/natur/18664-rtkl-zelten-wild-campen-hier-ist-es-auch-deutschland-erlaubt (abgerufen am 10.02.2020).

Trekking-Pfalz (o.J.): Trekking im Pfälzerwald. URL: https://www.trekking-pfalz.de/de/trekking-plaetze/ (abgerufen am 10.02.2020).

Wildes SH (o.J.): Schlafen unterm Sternenzelt. URL: https://www.wildes-sh.de/die-regeln/ (abgerufen am 10.02.2020).

Camping geht auch vegan

3. Februar 2020

Der Anteil der Personen ab 14 Jahren, die sich als Veganer bezeichnen würden oder weitgehend auf tierische Produkte verzichten, lag im Jahr 2019 bei 0,95 Millionen (vgl. Statista 2020). Der Verzicht auf tierische Inhaltsstoffe und Produkte ist für Veganer wichtig. Auch in Bezug auf Camping.

Die gute Nachricht ist: Viele Stoffe und Materialien, die beim Camping verwendet werden, sind frei von tierischen Produkten. Zelte sind zum Beispiel aus Polyester und Nylon und damit vegan (vgl. Peta). Allerdings kann bei Camping-Equipment auch Leder verarbeitet worden sein wie z. B. bei Riemen oder Tragegurten. Darauf sollte man als Veganer achten.

Achtung bei Schlafsäcken

Vegane Camper sollten aber auch bei Schlafsäcken genauer hinschauen. Für die Herstellung von Schlafsäcken werden tierische Materialien wie Gänsedaunen, Wolle oder Seide verwendet. Es gibt allerdings auch Modelle, die aus Kunst- oder High-techfasern bestehen und somit vegan sind (vgl. Peta).

Auch Campingplätze bieten vegane Möglichkeiten

Es gibt Campingplätze, die sich auf vegane Campingfreunde eingestellt haben und z. B. in eigenen Bioläden auch vegane Speisen anbieten (z. B. Triangel Camping in Niederfinow oder Naturcamping Ellbogensee) oder bei der Reinigung vegane Produkte verwenden (vgl. Tourismus Uckermark). Und im Internet gibt es viele Blogger, die Tipps für eine vegane Ernährung auf Campingreisen zusammengetragen haben.

Quellen:

Peta (o.J.): Vegan Camping: So einfach geht tierleidfreies Zelten. URL: https://www.peta.de/vegan-camping (abgerufen am 03.02.2020).

Statista (2020): Personen in Deutschland, die sich selbst als Veganer einordnen oder als Leute, die weitgehend auf tierische Produkte verzichten, in den Jahren 2015 bis 2019. URL: https://de.statista.com/statistik/daten/studie/445155/umfrage/umfrage-in-deutschland-zur-anzahl-der-veganer/ (abgerufen am 03.02.2020).

Tourismus Uckermark (o.J.): Naturcamping Rehberge. URL: https://www.tourismus-uckermark.de/die-uckermark/nachhaltigkeit/naturcamping-rehberge.html (abgerufen am 03.02.2020).

Anzahl der Übernachtungen auf Campingplätzen steigt weiter

24. Januar 2020

Von Januar bis November 2019 gab es laut des Statistischen Bundesamtes (Destatis) 35.283.925 Übernachtungen auf deutschen Campingplätzen. Im Vergleich zum Vorjahreszeitraum ergibt sich ein Zuwachs von 3,4 %. Die Zahl der Übernachtungen von Gästen aus dem Ausland sank dabei um 2,2 % auf 4.657.311 Übernachtungen (vgl. Destatis 2020a).

Im November 2019 gab es in allen Beherbergungsbetrieben in Deutschland 32,5 Millionen Übernachtungen in- und ausländischer Gäste. Wie das Statistische Bundesamt nach vorläufigen Ergebnissen mitteilt, war dies ein Plus von 5,2 % gegenüber November 2018 (vgl. Destatis 2020b).

Interessant wird die Veröffentlichung der kompletten Daten für das Jahr 2019 sein. Obwohl die Anzahl der Übernachtungen auf Campingplätzen weiter gestiegen ist, wird es wahrscheinlich kein Rekordjahr wie 2018 geben. Im Jahr 2018 stieg die Zahl der Übernachtungen auf deutschen Campingplätzen im Vergleich zum Vorjahr um 11,3 % auf 34,6 Millionen (vgl. Destatis 2019).

Quellen:

Destatis (2020a): Tourismus – Monatsergebnisse. URL: https://www.destatis.de/DE/Themen/ Branchen-Unternehmen/Gastgewerbe-Tourismus/Publikationen/_publikationen-innen-tourismus-monat.html?nn=206104   (abgerufen   am 24.01.2020).

Destatis (2020b): Tourismus in Deutschland November 2019: 5,2 % mehr Übernachtungen als im November   2018.   URL: https://www.destatis.de/DE/Presse/Pressemitteilungen/2020/01/PD20_015_45412.html;jsessionid=D4047F3A6CDEB59A09F3A851927FD007.internet732 (abgerufen am 24.01.2020).

Destatis (2019): Camping-Trend ungebrochen: 11,3 % mehr Übernachtungen auf deutschen Campingplätzen im Jahr 2018. URL: https://www.destatis.de/DE/Presse/Pressemitteilungen/2019/08/PD19_323_45412.html   (abgerufen am 24.01.2020).

Camper Sharing liegt im Trend

21. Januar 2020

Camper Sharing ermöglicht es privaten Wohnmobilbesitzern, ihr Gefährt auf Online Plattformen zur Miete anzubieten. Dieser Trend bietet viele Möglichkeiten, aber auch Risiken.

Auf der einen Seite gibt es Menschen, die sich kein eigenes Wohnmobil leisten können und auf der anderen Seite gibt es kaum ein Wohnmobil, das jeden Tag genutzt wird. Sie stehen in Garagen oder am Straßenrand. Hieraus ergibt sich ein neues Geschäftsmodell: Das Camper Sharing. Braucht ein Besitzer sein Wohnmobil nicht, kann er es über eine Online Plattform zur Vermietung anbieten (vgl. ADAC).

Online Plattformen haben sich auf den Trend spezialisiert

Mittlerweile gibt es mehrere Online Plattformen, die Camper Sharing ermöglichen. So etwa der französische Anbieter Yescapa oder Anbieter aus Deutschland wie Paul Camper, Campanda oder Share a Camper. Sie bringen Mieter und Vermieter zusammen. Dieses neue Konzept des Camper Sharings hat den Mietwagenmarkt um das Element Privat-für-privat erweitert. Es verfolgt damit ein ähnliches Prinzip wie Airbnb bei Übernachtungen (vgl. Ruhnau 2019).

Interessant ist Camper Sharing sowohl für die Mieter als auch die Vermieter. Die Mieter können meist zu einem günstigeren Preis ein Wohnmobil mieten. Der Vermieter kann an den Tagen, an denen er das Wohnmobil selbst nicht nutzt, Geld damit verdienen (vgl. Ruhnau 2019). Zudem können die Mieter verschiedene Wohnmobilmodelle ausprobieren (vgl. Weiß). Und es gibt nicht nur Wohnmobile. Auch Wohnwagen, Kastenwagen und Campingbusse können gemietet werden. Die Ausstattung variiert von minimalistisch bis luxuriös (vgl. Weiß).

Vorab Fakten zur Versicherung prüfen

Doch wer ein Wohnmobil von einer Privatperson mietet, muss vorab prüfen, ob das Wohnmobil als Selbstfahrer-Vermietfahrzeug zugelassen ist. Es kann sonst im Schadensfall zu Problemen mit der Versicherung führen (vgl. ADAC). Wichtige Informationen hierzu hat zum Beispiel der ADAC zusammengetragen.

Quellen:

ADAC (o.J.): Vorsicht: Mieten von privat. URL: https://autovermietung.adac.de/wohnmobile/ratgeber/privat-mieten/ (abgerufen am 21.01.2020).

Ruhnau, J. (2019): Reisen im Wohnmobil – so funktioniert Camper-Sharing. URL: https://www.welt.de/reise/nah/aticle195815125/Urlaub-im-Wohnmobil-so-funktioniert-Camper-Sharing.html (abgerufen am 21.01.2020).

Weiß, M. (o.J.): Camper-Sharing – Das neue Camping-Konzept URL: https://www.eurocampings.de/blog/listing/camper-sharing-das-neue-camping-konzept/ (abgerufen am 21.01.2020).

Sterne für den Campingplatz

7. Januar 2020

*Auch für Campingplätze werden Sterne verge-
ben, wie es aus der Hotellerie bekannt ist. Doch wer
steckt hinter der Sternevergabe?*

Bei den Campinggästen lassen sich eine zuneh-
mende Qualitätsorientierung und gestiegene An-
sprüche beobachten. Im Fokus vieler Campingplatzbetreiber steht daher die Verbesserung der Ange-
botsqualität, um die Entscheidung der Gäste für den
Besuch eines Campingplatzes zu beeinflussen (vgl.
DTV & BVCD).

Klassifizierungssysteme als Hilfestel-
lung für den Gast

Eine Hilfestellung für den Gast, die Angebots-
qualität zu beurteilen, sollen die sogenannten Klassifizierungssysteme darstellen. Nach bestimmten
Kriterien wird das Angebot geprüft und dann bewer-
tet. Eine Bewertung findet üblicherweise mit Ster-
nen statt, wie es auch aus der Hotellerie bekannt ist.
Es gibt verschiedene Klassifizierungssysteme in

Deutschland und Europa, die sich durchaus unterscheiden. Beispielhaft werden hier einige Klassifizierungssysteme aus Deutschland betrachtet.

Der Deutsche Tourismusverband (DTV) und der Bundesverband der Campingwirtschaft in Deutschland (BVCD) haben im Jahr 2000 ein Klassifizierungssystem zur Qualitätsverbesserung und -sicherung des Angebots auf Camping- und Freizeitanlagen in Deutschland entwickelt (DTV & BVCD). Es wurden hierfür Service- und Ausstattungsstandards festgelegt. Angebotenen Leistungen von Campingplätzen werden mit Hilfe eines Einstufungssystems beurteilt und dann einer Klasse zugeordnet (vgl. DTV & BVCD).

Kategorie	Bezeichnung	Merkmale
*	Einfach	Einfach und zweckmäßig in der Ausstattung bzw. im Gesamteindruck.
**	Zweckmäßig	Zweckmäßig und gut in der Ausstattung bzw. im Gesamteindruck, mit mittlerem Komfort. Einrichtungen von guter Qualität.
***	Komfortabel	Gesamtausstattung bzw. Gesamteindruck mit gutem Komfort. Einrichtungen von besserer Qualität.
****	Erstklassig	Erstklassig in der Gesamtausstattung bzw. im Gesamteindruck, mit gehobenem Komfort. Einrichtungen in gehobener und gepflegter Qualität.
*****	Exklusiv	Exklusiv in der Gesamtausstattung bzw. im Gesamteindruck, mit hochwertigem/erstklassigem Komfort. Großzügige Einrichtungen in besonderer Qualität.

Abbildung 1: Klassifizierungssystem nach BVCD/DTV (Darstellung in Anlehnung an DTV & BVCD)

Jeder Campingplatz in Deutschland kann sich gegen ein Entgelt Klassifizieren lassen. Das Bewertungsergebnis wir nach drei Jahren erneut überprüft, damit eine gleichbleibende Qualität gesichert ist (vgl. DTV & BVCD). Deutschlandweit sind rund

500 Campingplätze klassifiziert (vgl. DTV & BVCD).

Auch der ADAC prüft

Auch der ADAC klassifiziert das Angebot von Campingplätzen. Hierfür prüfen ADAC-Inspekteure vor Ort die Campingplätze und geben aufgrund von bis zu 300 Einzelinformationen ihre Bewertung ab (vgl. ADAC 2019). Auch hier gibt es ein Fünf-Sterne-System. Dieses richtet sich nach Anzahl und Qualität der Sanitäranlagen, Ausstattung und Pflege des Platzgeländes, Einkaufsmöglichkeiten und Gastronomie, Freizeitangebot und Bademöglichkeiten (vgl. ADAC 2019). 115 Plätze in Europa erreichten im ADAC Campingführer 2019 (hier werden die Sterne-Platzierungen veröffentlicht) die fünf Sterne, in Deutschland sind es sechzehn (vgl. ADAC 2019).

Weitere Akteure sind aktiv

Es gibt weiter Akteure wie den Deutschen Camping-Club oder ACSI. Der Deutsche Camping-Club vergibt in seinem Campingführer ebenfalls Sterne für die Campingplätze. Inspizienten des Clubs prüfen vor Ort die Plätze und ordnen den Campingplatz einer Sternekategorie zu (vgl. Deutscher Camping-Club 2019, S. 5).

ACSI schickt Inspekteure auf die Campingplätze. Mehr als 300 von ihnen prüfen jährlich etwa 9.900 Campingplätze und führen vor Ort Interviews mit Gästen durch (vgl. ACSI).

Auch Gäste bewerten das Angebot

Es wird also deutlich, dass es mehrere Möglichkeiten für einen Campingplatzbetreiber gibt, sich Klassifizieren zu lassen. Diese Klassifizierung erfolgt freiwillig und der Betreiber kann sich aussuchen, bei welchem Anbieter er den Campingplatz bewerten lassen möchte.

Zusätzlich bieten diverse Online-Portale die Möglichkeit, dass Nutzer ihre Bewertung für einen Campingplatz abgeben. Die Ergebnisse werden häufig ebenfalls in Form einer durchschnittlichen Sternebewertung dargestellt.

Quellen:

ACSI (o.J.): Inspektionsteam. URL: https://www.acsi.eu/de/inspektionsteam/ (abgerufen am 07.01.2020).

ADAC (2019): ADAC Campingführer 2019: Europaweit 115 Superplätze ausgezeichnet. URL: https://www.adac.de/der-adac/ueber-uns-se/news/reise-unterwegs/adac-superplaetze/m (abgerufen am 07.01.2020).

Deutscher Camping-Club (2019): Infos zur Mitgliedschaft. URL: https://camping-club.de/wp-content/uplds/2019/07/Info_DCC_Mitgl_2019_final_web2.pdf (abgerufen am 07.01.2020).

Deutscher Tourismusverband (DTV) & Bundesverband der Campingwirtschaft in Deutschland (BVCD) (o.J.): Qualität auf unseren Campingplätzen – Die BVCD / DTV Campingplatz Klassifizierung. URL: https://www.deutschertourismusverband.de/fileadmin/Mediendatenbank/PDFs/BVCD_Serviceflyer_2016.pdf (abgerufen am 07.01.2020).

Wer war Thomas Hiram Holding?

2. Januar 2020

Thomas Hiram Holding gilt als der Begründer des modernen Campings. Doch wer war er?

Thomas Hiram Holding, ein Schneider aus London, begeisterte sich für das Zelten und gilt als der Begründer des modernen Campings. Holdings Leidenschaft für das Zelten wurde schon im Alter von neun Jahren geweckt als er 1853 mit seinen Eltern im Rahmen eines Planwagenzuges die amerikanische Prärie durchquerte (vgl. Camping and Caravaning Club o.J.).

Holding gilt als ersten Camper

Als Holding die Highlands von Schottland erkunden wollte, stieg er vom Planwagen auf Kanu und Zelt um (vgl. Wills 2011). Holding war zudem ein begeisterter Radfahrer und entwarf eine Ausrüstung für das Fahrrad-Camping. Mit vier Freunden unternahm der dann eine Fahrrad-Campingreise durch Irland. Über dieses Erlebnis schrieb Holding Ende des 19. Jahrhunderts ein Buch, das unter dem Titel „Cycle and Camp in Connemara" erschien (vgl. Camping and Caravaning Club o.J.). 1908 wurde sein Werk "The Camper's Handbook" veröffentlicht.

1901 gründete Holding schließlich die Association of Cycle Campers, die heute als The Camping and Caravanning Club bekannt ist (vgl. Camping and Caravaning Club o.J.).

Quellen:

Camping and Caravaning Club (o.J.): Club History – Over 100 years of The Camping and Caravanning Club. URL: https://www.campingandcaravanningclub.co.uk/aboutus/about-the-club/history/ (abgerufen am 02.01.2020).

Wills, D. (2011): Camping? It should be about the simple life. URL: https://www.theguardian.com/travel/2011/apr/16/campsites-outdoors-dixe-wills (abgerufen am 02.01.2020).

Garten-Camping – Internetportale vermitteln private Stellplätze

13. Dezember 2019

Einfach an den Wunschort fahren und dort im Garten eines Einwohners zelten? Kein Problem, denn es gibt Internetplattformen, die die Buchung und Vermietung von privaten Stellplätzen vermitteln.

Die Idee hinter dem "Garten-Camping" ist, dass Camper direkt z. B. im Garten einer Privatperson ihr Zelt aufbauen können. Dies soll eine Alternative zum Campingplatz oder zum Wildcampen bieten. Wildcampen ist aufgrund befürchteter Schäden an der Natur und Umwelt in einigen Ländern verboten. Besonders in südlichen Urlaubsländern können Strafen für Wildcamper drohen (vgl. GEO o.J.). In Skandinavien (Ausnahme Dänemark) gilt das „Jedermannsrecht" (vgl. Frankfurter Allgemeine 2018). Dort darf man in der freien Natur, die nicht bewirtschaftet wird, campen. Man kann also sein Zelt für eine Nacht aufstellen oder das Wohnmobil parken, wo es einem gerade gefällt. Man darf nur niemanden stören und muss alles ordentlich hinterlassen (vgl. Frankfurter Allgemeine 2018). Grundsätzlich sollte man sich in jedem Urlaubsland genau informieren, wie und wo gecampt werden darf.

Camping auf Wiese oder Innenhof

Legal und teilweise sogar kostenfrei können Camper auf privaten Grundstücken ihr Zelt aufschlagen. Damit sich Anbieter und Camper finden, gibt es spezielle Internetportale. Es werden Stell- und Zeltplätze auf Wiesen oder Innenhöfen, in Privatgärten oder auf Bauernhöfen angeboten. Nur Komfort wie auf einem Campingplatz sollte man nicht erwarten. Man muss vorab klären, welche sanitären Anlagen und Kochgelegenheiten genutzt werden dürfen. Manchmal gibt es nur eine Gartendusche und eine Feuerstelle (vgl. rbb24 2019). Die wesentliche Bedingung für die Nutzung der Plätze ist aber, dass man alles wieder ordentlich verlässt (vgl. mdr 2019).

Quellen:

Frankfurter Allgemeine (2018): Stell dich nicht so hin – Wilcampen in Schweden. URL: https://www.faz.net/aktuell/reise/wildcampen-in-schweden-das-nordische-allemansraetten-15744235.html (abgerufen am 13.12.2019).

GEO (o.J.): Die schönsten Orte zum Wildcampen in Europa. URL: https://www.geo.de/reisen/reiseinspiration/16470-bstr-die-schoensten-orte-zum-wildcampen-europa (abgerufen am 13.12.2019).

Rbb24 (2019): In fremden Gärten frei campen. URL: https://www.rbb24.de/panorama/beitrag/2019/08/brandenburg-zelt-surfen-1nite-tent.html (abgerufen am 13.12.2019).

mdr (2019): Camping hinterm Gartenzaun: Oberlausitzer erfinden das Zeltsurfen. URL: https://www.mdr.de/sachsen/bautzen/goerlitz-weisswasser-zittau/wildcampen-zelt-surfen-night-tent-100.html (abgerufen am 13.12.2019).

Cargobike-Camping – Mit dem Lastenrad unterwegs

9. Dezember 2019

Cargobike-Camping ist eine Variante des Fahrrad-Campings, die zum Beispiel von Familien mit kleinen Kindern genutzt wird. So können auch weitere Strecken zurückgelegt werden, die die Kleinen auf einem eigenen Fahrrad noch nicht bewältigen könnten.

Cargobikes oder auch Lastenfahrräder werden mit oder ohne elektrische Tretunterstützung für Fahrradreisen genutzt. Sie gelten auch rechtlich als Fahrräder, können aber mehr Gepäck transportieren. So kann also z. B. das Zelt und weiteres Camping-Equipment leichter untergebracht werden. Zur Bewältigung langer Strecken kann eine Tretunterstützung hilfreich sein. Sie darf aber maximal nur 25 km/h betragen (vgl. ADAC 2019).

Zum Beispiel Familien mit Kindern, die noch zu klein sind, um lange Strecken per Fahrrad zurückzulegen, nutzen die Cargobikes für den Camping-Urlaub. Die Fahrräder haben meist vorne eine große Transportbox angebracht (Frontlader), in der die

Kinder sitzen können oder Gepäck transportiert werden kann. Wenn Kinder befördert werden, müssen entsprechende Sitze in der Box vorhanden sein (vgl. ADAC 2019). Der ADAC empfiehlt keine Kinder über sieben Jahre in den Transportboxen sitzen zu lassen (vgl. ADAC 2019).

Eine andere Variante von Cargobikes wird Long Tails genannt. Es sind Fahrräder mit verlängertem Gepäckträger, der Platz für Gepäck oder auch Passagiere bietet (vgl. Wiener Zeitung 2018).

Für längere Reisen werden an das Cargobike häufig noch Anhänger angebaut, um entweder hier die Kinder sitzen zu lassen (mit entsprechenden Sitzen) oder auch zusätzliches Gepäck zu verstauen. Das Cargobike wird so zur umweltfreundlichen Alternative zum Auto (vgl. ADAC 2019). Für den Urlaub mit Zelt auf dem Campingplatz sicherlich eine interessante Variante.

Es lassen sich zwei Arten von Cargobikes unterscheiden: zweirädrig oder dreirädrig. Die zweirädrigen Cargobikes sind schneller, aber man muss drauf achten, auch mit Gepäck oder Kindern an Bord das Gleichgewicht zu halten. Dreirädrige Cargobikes sind langsamer, es kann aber auch mehr Gepäck untergebracht werden und man muss nicht auf das Gleichgewicht achten. Wichtig ist, dass das Gepäck immer sicher verstaut wird. (Vgl. ADAC 2019)

Quelle:

ADAC (2019): Das Lastenrad – Eine Alternative zum Auto? URL: https://www.adac.de/rund-ums-fahrzeug/zweirad/fahrrad-ebike-pedelec/lasten-rad/lastenrad/ (abgerufen am 09.12.2019).

Wiener Zeitung (2018): Irgendetwas zwischen Moped und SUV. URL: https://www.wienerzei-tung.at/meinung/blogs/freitritt/965597-Irgendet-was-zwischen-Moped-und-SUV.html (abgerufen am 09.12.2019).

Campingleitsystem – Hilfe bei der Suche nach einer freien Stellfläche

5. Dezember 2019

Ein Campingleitsystem soll besonders in der Hochsaison und in stark frequentierten Urlaubsregionen die spontane Suche nach einer freien Stellfläche auf einem Campingplatz ermöglichen.

Mit einem Campingleitsystem wird die Suche nach freien Stellflächen auf Campingplätzen erleichtert. Über eine spezielle Internetseite kann der Camper schauen, ob auf dem gewünschten Campingplatz noch Stellfläche frei ist. So kann er den Campingplatz direkt anfahren oder sich einen anderen Platz suchen, wenn keine Kapazitäten mehr frei sind (vgl. Ecocamping 2019a). Ohne dieses System ist es gerade in der Hochsaison aufwendig für die Camper, einen freien Stellplatz zu finden. Dies gilt besonders für stark frequentierte Destinationen. Hier ist meist nur über eine frühzeitige Buchung ein Stellplatz zu bekommen. Spontane Camper müssen häufig mehrere Campingplätze anfahren und erleben auch dann gegebenenfalls eine Enttäuschung (vgl. Ecocamping 2019b).

Entlastung für Camper und Campingplatzbetreiber

Das Campingleitsystem kann zwar keine neuen Stellplätze schaffen, hilft aber bei der Suche nach Kapazitäten und verhindert frustrierende Situationen. Zudem werden auch Campingplatzbetreiber und -mitarbeiter davon entlastet, Kunden abweisen zu müssen (vgl. Ecocamping 2019a). Darüber hinaus können von dem Leitsystem Campingplätze profitieren, die etwas abseits von den üblichen Routen liegen. Sie sollen ihre Kapazitäten mit Hilfe des Leitsystems optimaler auslasten können. Auch die Umwelt soll vom sogenannten Suchverkehr entlastet werden (vgl. Ecocamping 2019b).

Pilotprojekt gestartet

Ein Pilotprojekt wird aktuell im Bereich Bodensee/Oberschwaben durchgeführt. Insgesamt beteiligen sich 36 Campingbetriebe in der Region an diesem Pilotprojekt (vgl. Ecocamping 2019a).

Quellen:

Ecocamping (2019a): Campingleitsystem Bodensee: Innovatives Tourismusprojekt in der Region Bodensee-Oberschwaben. URL: https://www.openpr.de/news/1039274/Campingleitsystem-Bodensee-Innovatives-Tourismusprojekt-in-der-Region-Bodensee-Oberschwaben.html (abgerufen am 05.12.2019).

Ecocamping (2019b): Camper-Alarm am Bodensee – Freie Stellplätze finden mit dem Campingleitsystem Bodensee-Oberschwaben. URL: https://ecocamping.de/wp-content/uploads/bsk-pdf-manager/2019/08/Pressemitteilung_Campingleitsystem_Bodensee_Oberschwaben.pdf (abgerufen am 05.12.2019).

Verschiedene Arten von Camping-Unterkünften

29. November 2019

Es gibt verschiedene Arten von Camping-Unterkünften. Die wesentliche Einteilung dabei ist das Zelt, der Wohnwagen, das Wohnmobil und das Mobilheim. Es gibt aber auch ausgefallenere Varianten wie Pkw mit Wohnmodul oder das Tiny House. Auf Campingplätzen werden zudem Hütten oder Schlaffässer als Unterkunft vermietet.

Die folgende Abbildung zeigt eine Übersicht:

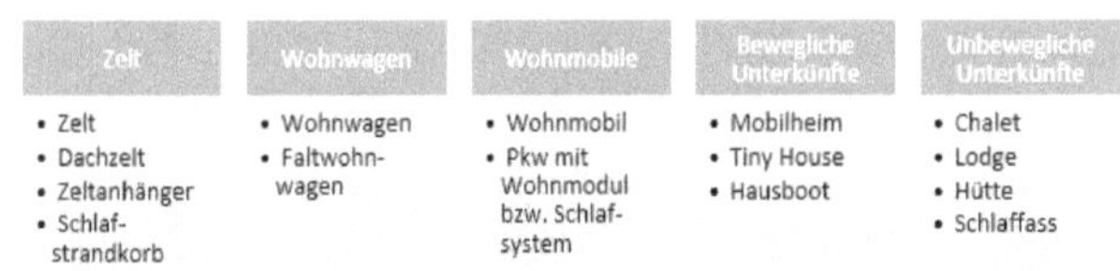

Abbildung 1: Unterkunftsarten im Camping-Tourismus (eigene Darstellung).

Gibt es weitere Ergänzungen (Ideen gerne an camping-tourismus@t-online.de)?

Das Dachzelt als Alternative zum Wohnwagen?

26. November 2019

Camping auf dem Autodach? Das ist mit einem sogenannten Dachzelt kein Problem. Viele Hersteller bieten mittlerweile die unterschiedlichsten Modelle an. Erfunden wurde das Dachzelt schon im Jahr 1958 in Italien (vgl. Autohome o.J.).

Dachzelte boomen

Dachzelte boomen und sollen als eine günstige Alternative zu einem Wohnwagen gesehen werden. Ein paar Handgriffe reichen und schon hat man je nach Modell Platz für bis zu fünf Personen (vgl. Kriegel 2019). Eine Leiter erleichtert das Einsteigen in das Zelt auf dem Autodach. Ein deutlicher Vorteil ist, dass man im Gegensatz zu einem Zelt nicht direkt auf dem Boden schlafen muss (vgl. Kriegel 2019). Dies kann sehr praktisch sein, wenn der Boden uneben oder nass ist. Zudem können auch Tiere aller Art ein Dachzelt nicht so leicht erreichen wie ein Zelt auf dem Boden. Diese Vorteile haben aber auch ihren Preis. Zwischen 1.500 und 8.000 EURO muss man je nach Ausstattung für ein solches Dachzelt bezahlen (vgl. Kriegel 2019). Aber die Investition scheint sich zu lohnen, da die Dachzelte bei guter Pflege sehr langlebig sind (vgl. Österreichischer Campingclub o. J.).

Verschiedene Arten von Dachzelten

Es gibt Hardschalen- und Stoffdachzelte. Die Hardschalen-Dachzelte befinden sich meist in einer Dachbox. Die Stoffzelte werden in zugeklapptem Zustand mit einer Plane geschützt (vgl. Österreichischer Campingclub o. J.). Bei den Hartschalen-Dachzelten gibt es zwei Varianten: Die eine Variante lässt sich zu einer Seite öffnen. Bei der anderen Variante wird der Deckel der Dachbox mit einer Kurbel nach oben geöffnet. Neu sind aufblasbare Dachzelte, die weniger Gewicht mitbringen (vgl. Woithon-Dornseif 2018).

Achtung bei dem Gewicht

Allerdings muss man bei einem Dachzelt auf die zugelassene Dachlast des Pkw achten, die sich den Fahrzeugpapieren entnehmen lässt (vgl. Wenkemann 2015). Auch muss man prüfen, ob das Gewicht des Dachzelts inklusive Dachträgern, Gepäck und Insassen nicht das maximale Fahrzeuggewicht überschreitet (vgl. Österreichischer Campingclub o. J.).

Eine Alternative zum Dachzelt wäre ein Zeltanhänger. Allerdings ist man mit einem Anhänger weniger flexibel als mit einem PKW ohne Anhänger (vgl. Österreichischer Campingclub o. J.).

Es gibt eine aktive Dachzelt-Community, die auch ein jährliches Dachzelt-Festival veranstaltet (vgl. Dachzeltnomaden o. J.).

Quellen:

Autohome (o.J.): DIE GESCHICHTE. URL: https://www.autohome-official.com/de/firma/die-geschichte/ (abgerufen am 25.11.2019).

Dachzeltnomaden (o.J.): Dachzeltfestival 2019. URL: https://dachzeltnomaden.com/dachzelt-festival-2019/ (abgerufen am 25.11.2019).

Kriegel, M. (2019): Die Last mit dem Dachgast – Zelte auf dem Auto. URL: https://www.spiegel.de/auto/aktuell/dachzelte-fuers-auto-camping-im-ersten-stock-a-1158690.html (abgerufen am 25.11.2019).

Österreichischer Campingclub (o.J.): Dachzelt – alle Infos zum Schlafzimmer im ersten Stock. URL: https://www.campingclub.at/dachzelt_ (abgerufen am 25.11.2019).

Wenkemann, R. (2015): Die Angst vor einem Dachschaden. URL: https://www.faz.net/aktuell/technik-motor/iaa/wie-sicher-sind-autodachzeltedie-angst-vor-einem-dachschaden-13801336.html (abgerufen am 26.11.2019)

Woithon-Dornseif, N. (2018):. Freiheit und Abenteuer statt Luxus-Camping – Dachzelte liegen voll im Trend. URL: https://matsch-und-piste.de/dachzelte-liegen-voll-im-trend/ (Abgerufen am 25.11.2019).

Was ist Indoor Camping?

22. November 2019

Raus in die Natur heißt es für viele Camper. Mit dem Wohnmobil oder Zelt neue Landschaften entdecken. Aber leider spielt das Wetter nicht immer mit. Wer das Gefühl des Campings ohne Wetterrisiko erleben möchte, ist beim Indoor Camping richtig aufgehoben.

Die Wohnmobile oder Wohnwagen stehen trocken und geschützt in einer Halle. Von Waschräumen bis zum kleinen Vorgarten mit Sitzgelegenheiten ist alles vorhanden, was man von einem üblichen Campingplatz gewohnt ist.

Weltweit größte Messe für Reisemobile und Caravans spiegelt Interesse an der Branche

20. November 2019

Die Messe Caravan Salon in Düsseldorf kann einen weiteren Anstieg der Besucherzahlen vermelden. Im Jahr 2019 lagen die Zahlen bei über 268.000 Besuchern (2018: 250.211), so die Messe Düsseldorf.

Der Präsident des Caravaning Industrie Verband e.V. (CIVD), zeigte sich zufrieden mit dem Messeverlauf und sprach von einer „fantastischen generellen Stimmung in der Caravaningbranche". Besonders erfreulich sei auch die große Anzahl an Innovationen, Weltpremieren und Fahrzeugstudien. „Die hier präsentierten neuen Materialien, die verschiedenen Antriebsarten sowie Lösungen im Bereich der Gewichtsreduzierung zeigen, dass sich die Branche intensiv mit vielen Zukunftsthemen beschäftigt", so Pfaff laut der Messe Düsseldorf.

Eine Infografik des Internetportals Statista zeigt die Entwicklung der Besucherzahlen im Zeitraum von zehn Jahren bis 2018. Insgesamt gab es danach einen Anstieg der Besucherzahlen von 57,1 %.

Die steigenden Besucherzahlen spiegeln das permanent wachsende Interesse an der Caravan-Branche wider. Der Caravan Salon, der in diesem Jahr vom 30. August bis 8. September stattfand, ist mit über 268.000 Besuchern sowie 645 Ausstellern aus 31 Ländern die weltweit größte Messe für Reisemobile und Caravans.

Quellen:

Statista (2019): Caravan Salon zieht immer mehr Besucher an. URL: https://de.statista.com/infografik/15223/besucherzahlen-caravan-salon/ (abgerufen am 14.11.2019).

Messe Düsseldorf (2019): CARAVAN SALON erneut mit Rekordwerten. URL: https://www.caravan-salon.de/ de/Presse/Pressematerial/Pressemeldungen/CARAVAN_SALON_erneut_mit_Rekordwerten (abgerufen am 14.11.2019).

Was ist ein Schlafstrandkorb?

14. November 2019

Eine besondere Form der Übernachtung im Freien ist der sogenannte Schlafstrandkorb. Dieser Strandkorb verfügt über ein paar Extras wie ein faltbares Dach und Stauraum. Zudem bietet er eine komplette Liegefläche, so dass man sich ausstrecken und schlafen kann. Dies ist eine Alternative zum Zelt und wird auf einigen Campingplätzen z. B. in Schleswig-Holstein angeboten.

Mehr Informationen z. B. unter https://www.sh-tourismus.de/urlaubswelten/schlafstrandkorb

Microadventures – Motivation für Outdoor-Aktivitäten

11. November 2019

Der Begriff des Microadventures bzw. Mikroabenteuers wurde von dem englischen Abenteurer Alastair Humphrey populär gemacht. Darunter sind "short, perspective-shifting bursts of travel closer to home" (The New York Times) zu verstehen.

Es geht darum, kurze Outdoor-Erlebnisse ohne großen Reiseaufwand zu realisieren und dabei neue Eindrücke zu sammeln. Dies bedeutet, dass man nicht unbedingt eine Reise quer durch Australien machen muss, um Abenteuer zu erleben, sondern auch die nähere Umgebung um den eigenen Wohnort herum erkunden kann. Kurze Spaziergänge durch ein anderes Stadtviertel oder Radtouren in die Umgebung mit einer Übernachtung im Zelt können damit gemeint sein. Microadventures lassen sich einfach in den Alltag integrieren und sorgen für Abwechslung ohne viel Aufwand oder Kosten. Es geht in der Diskussion um Microadventures also vor allem um den Wandel von globalen zu regionalen Reiseerlebnissen (vgl. The New York Times).

Mikroabenteuer wie der Ausflug in die Natur sind keine neue Idee, aber die neue Begrifflichkeit sorgt dafür, dass darüber diskutiert wird und Menschen animiert werden, Outdoor-Aktivitäten in der Umgebung zu realisieren und sich darüber auszutauschen.

Quellen:

BR24 (2018): Wie wir mit Mikroabenteuern dem Alltag entfliehen sollen. URL: https://www.br.de/nachrichten/kultur/wie-wir-mit-mikroabenteuern-dem-alltag-entfliehen-sollen,QzZtKNi) (abgerufen am 11.11.2019)

The New York Times (2015): The Virtues of Microadventures. URL: https://www.nytimes.com/2015/03/22/travel/the-virtues-of-microadventures.html?_r=0 (abgerufen am 20.11.2019).

11,3 % mehr Übernachtungen auf deutschen Campingplätzen

1. November 2019

Im Jahr 2018 stieg die Zahl der Übernachtungen auf deutschen Campingplätzen im Vergleich zum Vorjahr um 11,3 % auf 34,6 Millionen. Damit setzt sich der positive Trend seit 2014 fort, meldete das Statistische Bundesamt (Destatis) anlässlich der Messe Caravan Salon in Düsseldorf vom 30. August bis zum 8. September 2019.

Verantwortlich für den Zuwachs im Jahr 2018 sind sowohl steigenden Übernachtungszahlen inländischer (+11,2 % im Vergleich zu 2017) als auch ausländischer Gäste (+12,1%).

Quelle:

Destatis (o.J.): Camping-Trend ungebrochen: 11,3 % mehr Übernachtungen auf deutschen Campingplätzen im Jahr 2018URL: https://www.destatis.de/DE/Presse/Pressemitteilungen/2019/08/PD19_323_45412.html (abgerufen am 01.11.2019).

Was ist Business Camping?

1. November 2019

Die Flexibilität des Campings lässt sich auch auf die Geschäftsreise übertragen. So soll das sogenannte Business-Camping Mitarbeitern, die z. B. als Außendienstmitarbeiter oder Monteur viel unterwegs sind, eine Alternative zum Hotel oder der Pension bieten. Mit einem Wohnmobil kann man direkt zum Geschäftspartner fahren, dort parken und ggf. auch übernachten, wenn man einen geeigneten Parkplatz findet. Zudem hat man sein Home-Office immer dabei. Ob es sich lohnt, ein Wohnmobil als Dienstwagen anzuschaffen, hängt natürlich von Faktoren wie z. B. der Reisehäufigkeit, Anschaffungskosten und Abschreibungsmöglichkeiten ab.

Anmeldungen von Wohnmobilen und Wohnwagen in Europa leicht gestiegen

1. November 2019

Laut der European Caravan Federation (ECF) ist die Zahl der Anmeldungen von Wohnwagen und Wohnmobilen im Zeitraum von Januar bis Juni 2019 im Vergleich zum Vorjahreszeitraum um 3,1 % auf 131.866 Anmeldungen gestiegen. Die meisten Neuanmeldungen gab es in Deutschland, Frankreich und Großbritannien.

Im Bereich der Wohnwagen gab es in Deutschland von Januar bis Juni einen Anstieg der Anmeldungen von 10,3 % im Bereich der Wohnmobile einen Anstieg von 14,3 %.

Quelle:

European Caravan Federation (2019): Registration of Leisure Vehicles. URL: (Europe) http://www.e-c-f.com/index.php?id=25 (abgerufen am 20.11.2020).